Juicio para Jezabel

Portafolio de Poder
para el Siguiente Nivel en el Ministerio

ISBN 978-0-9975864-2-8

Copyright © 2016 by Michelle Corral
Chesed Publications

Todos los versículos han sido tomados de la versión
Reina Valera 1960 (RVR 1960) de la Biblia en español

Contenido

Introducción 2

1. El primer Amor: Evitando la desviación de nuestro destino 7

2. Rompiendo el Hechizo de Jezabel: El Engaño del Disfraz 20

3. El Consejo Corrupto de Jezabel 37

4. El Espíritu Seductor de Dalila 56

5. Liberación del Engaño de Dalila 72

6. La Desobediencia y Déficits del Destino 92

7. Sensibilidad Sobrenatural al Espíritu Santo: Cultivando la Claridad 110

Dedicatoria

Este libro está dedicado a los mártires del Medio Oriente que murieron por la Palabra de Dios, en particular los 21 mártires Egipcios quienes fueron decapitados en Febrero del 2015 a manos del espíritu de Jezabel.

Vi a la mujer ebria de la sangre de los santos, y de la sangre de los mártires de Jesús; y cuando la vi, quedé asombrado con gran asombro. - Apocalipsis 17:6 RVR

Introducción

Amado Lector,

¿Se encuentra usted en una batalla feroz por su destino? Se ha preguntado: Si Dios me ha llamado a realizar esta tarea, ¿por qué estoy pasando por tantos probelmas? Si Dios me ha llamado a hacer esta obra (Y yo creo que me ha llamado), ¿por qué hay tanta resistencia? ¡Usted no está solo!

Si se ha hecho estas preguntas, este libro le ayudará a entender por qué hay tanta oposición y por qué hay una batalla feroz planeada en contra de su destino. Además, este libro lo equipará con la palabra de Dios para traerlo a la dimensión más alta de su destino. El discernimiento que adquirirá le permitirá alejarse de obras que podrían destruir su destino o sacarlo de su lugar y herencia espiritual.

Este tipo de batallas y luchas, también son reveladas en las vidas de los "escogidos" en la Biblia. Sus retos, su dolor emocional, sus dilemas, y sus victorias fueron escritos en la Biblia como parte de la voz de Dios para usted, porque Él ya conocía su dolor personal y conflicto.

El profeta Elías, en particular, experimentó luchas similares. Su tarea y propósito principal del cielo era confrontar y dominar la fuerza de Jezabel en su generación. Él también equipó a la siguiente generación a través de Eliseo, su siervo, para destruir a Jezabel; Eliseo continuó este proceso de enseñar a los "hijos de los profetas" como eliminar este espíritu malvado. (2 Reyes 9:1-7).

La Biblia nos dice que Jezabel obtuvo el régimen ilegal sobre Israel a través de manipulación, intimidación, y control. En 2 Reyes 9:22, la Biblia llama esto "brujería."

Jezabel es una agresora de la unción. Este es un espíritu que opera en cada generación para matar profetas y estropear destinos (1 Reyes 18:4). Jezabel es una agresora de la unción que está detrás de los que han sido llamados a hacer grandes cosas para Dios. Por eso la escritura dice en 2 Reyes 9:7 para que yo vengue la sangre de mis siervos los profetas, y la sangre de todos los siervos de Jehová, de la mano de Jezabel.

Lo único que puede destruir a Jezabel es la unción. Por eso Eliseo, el siervo de Elías, envió a uno de los hijos de los profetas a ungir a Jehú para ser rey. La escritura da detalles de cómo se le dio una redoma de aceite a este siervo para ungir a Jehú. Esta unción iba a derrocar el gobierno de Acab y Jezabel (2 Reyes 9:1-7 y 2 Reyes 9:22). De igual manera, usted ha sido llamado para confrontar este sistema y derrocarlo a través de la unción. Este libro es un manual para el ministerio diseñado para equiparlo a usted a estar más cerca del Espíritu Santo a través de la unción de tal manera que podrá superar cada adversidad, prueba o trampa preparada por Jezabel.

Usted es el escogido de esta generación. Su visión y propósito es tan importante para que el Reino de Dios avance. Así como Elías desafió a Jezabel y destruyó su influencia malvada sobre Israel, así su ministerio, visión y propósito profético expulsarán los poderes de las tinieblas y establecerán el Reino de Dios. Este libro está diseñado con usted y su destino en mente.

En Cristo,

Dr. Michelle Corral

Dr. Michelle Corral
Juicio para Jezabel

Cápitulo 1
El Primer Amor: Evitando la Desviación de Nuestro Destino

Amados, el propósito de este libro es ayudarnos a enamorarnos más del Señor, mantener el fuego y la pasión por Él ardiendo radiantemente, y lograr nuestro destino más alto. En estos últimos tiempos, espíritus seductores tratarán de removernos de nuestro ministerio y destino. Este libro tiene el fin de ayudarnos a identificar y vencer cualquier espíritu malvado que trate de apartarnos del plan perfecto de Dios para nuestras vidas. Si aplicamos los principios en este libro, podremos alcanzar nuestro pináculo y propósito más alto.

Es tan importante que busquemos la pasión de amar a Jesús sobre todas las cosas. Los siguientes pasajes Bíblicos nos muestran cuánto énfasis Dios pone en que lo amemos apasionadamente, y lo importante que es no ser engañados.

Apocalipsis 2:1-5
Escribe al ángel de la iglesia en Éfeso: El que tiene las siete estrellas en su diestra, el que anda en medio de los siete candeleros de oro, dice esto: [2] **Yo conozco tus obras, y tu arduo trabajo y paciencia; y que no puedes soportar a los malos, y has probado a los que se dicen ser apóstoles, y no lo son, y los has hallado mentirosos;** [3] **y has sufrido, y has tenido paciencia, y has trabajado arduamente por amor de mi nombre, y no has desmayado.** [4] **Pero tengo contra ti, que has dejado tu primer amor.** [5] **Recuerda, por tanto, de dónde has caído, y arrepiéntete, y haz las primeras obras; pues si no, vendré pronto a ti, y quitaré tu candelero de su lugar, si no te hubieres arrepentido.**

1 Timoteo 4:1 RVR
Pero el Espíritu dice claramente que en los postreros tiempos algunos apostatarán de la fe, escuchando a espíritus engañadores y a doctrinas de demonios.

La palabra en griego "pipto" aparece en Apocalipsis 2:4 y significa caer, caer de un lugar, o ser derribado a un nivel inferior, mientras que la palabra "aphistemi" en 1 Timoteo 4:1 significa alejarse, o apartarse de. Cuando hablamos de gente que ha dejado la fe y han dado lugar a espíritus seductores y doctrinas de demonios, puede que estemos hablando de gente que se ha descarriado a un nivel inferior; estas personas no son forzosamente réprobas o herejes.

En Apocalipsis 2:1-3, Jesús dice que la iglesia en Éfeso es digna de aprobación en muchos aspectos. El Señor les dice a los creyentes en Éfeso que han trabajado arduamente, han sido pacientes y no han desmallado. También les ordena que lidien con los falsos apóstoles en medio de ellos. En muchas áreas, esta iglesia estaba haciendo un trabajo excepcional en servir al Señor. Sin embargo, Jesús encuentra una falla en los creyentes de Éfeso porque habían dejado su primer amor.

Amados, debemos tener cuidado de no dejar el primer amor. Puede ser que antes servíamos al Señor con todo el corazón, alma, mente y fuerzas. Pero ahora lo servimos de una forma mecánica. Tal vez sigamos el procedimiento se servir a Dios, pero ya no estamos enamorados alocadamente de Jesús. Nuestra razón principal de servir a Dios solía ser que lo amábamos, pero ahora puede haber otras razones como mantener cierta posición, tal vez nos gusta la atención que recibimos en la iglesia, o tal vez tenemos un plan personal. Seguimos sirviendo a Dios, pero hemos perdido nuestro primer amor. ¡No! Nuestra pasión principal es amar al Señor sobre todas las cosas. Si no amamos al Señor de la manera que lo amábamos antes, ¡debemos enamorarnos de Él otra vez!

Una vez que nuestro caminar de amor con el Señor no es lo que solía ser, el enemigo puede afectar otras áreas de nuestra vida, incluyendo nuestro destino. Y cuando no cumplimos nuestro destino, la vida de otros es afectada negativamente de igual manera. El Señor tiene un plan y llamado específico para cada uno de nosotros. Cuando caminamos en su plan perfecto para nuestras vidas, es una bendición para el Señor y el mundo a nuestro alrededor.

Una de las formas que el enemigo usa para disminuir nuestro amor por el Señor y apartarnos de nuestro destino es fascinarnos. Veamos este concepto en el libro de Hechos.

Hechos 8:9 RVR
Pero había un hombre llamado Simón, que antes ejercía la magia en aquella ciudad, y había engañado a la gente de Samaria, haciéndose pasar por algún grande.

Hechos 8:11 RVR
Y le estaban atentos, porque con sus artes mágicas les había engañado mucho tiempo.

La palabra "engañar" es "existemi" en griego, que significa asombrar, fascinar, o volver loco. "Ex" significa sacar de, y "stemi" significa estar de pie y se refiere al lugar donde estamos. Ser fascinado significa que somos sacados de algún lugar, incluyendo nuestro ministerio. "Existemi" se puede comparar al control mental; no tenemos control total sobre nuestras mentes cuando somos fascinados. Tal vez alguien vino y plantó un pensamiento en nuestras mentes que no era del Señor; tal vez era un pensamiento de ira, de auto-compasión, o un pensamiento de depresión. Luego el enemigo añadió leña al fuego, y ese pensamiento creció. No sabíamos de la guerra espiritual, así que seguimos alimentando ese pensamiento una y otra vez. Sin saberlo, ese pensamiento se convirtió en una fortaleza que afectó nuestras acciones y el resto de nuestras vidas.

Nuestros pensamientos son como el timón de un barco. Si el enemigo pone un pensamiento que no es del Señor, nos puede sacar de curso y la dirección de nuestras vidas puede cambiar. Cuando somos fascinados, no podemos oír al Señor y dejamos de obedecer su dirección para nuestras vidas, como vemos en el libro de Gálatas.

Gálatas 3:1 RVR
!Oh gálatas insensatos! ¿Quién os fascinó para no obedecer a la verdad, a vosotros ante cuyos ojos Jesucristo fue ya presentado claramente entre vosotros como crucificado?

El enemigo es muy sutil: puede sonar como nuestra propia voz y empezar a quejarse en nuestra alma. Puede plantar preguntas como, ¿Por qué sirvo a Dios? A veces puede ser difícil notar la diferencia entre nuestra voz y la voz del enemigo. ¡Siempre debemos orar por discernimiento!
El libro de Deuteronomio nos da una idea de los diferentes tipos de fuerzas espirituales que pueden

tratar de disminuir nuestro amor por el Señor y alejarnos de nuestro destino más alto y llamado. Veamos estos versos para estar preparados, para ¡no salirnos del camino del Señor!

Deuteronomio 18:9-13 RVR

Cuando entres a la tierra que Jehová tu Dios te da, no aprenderás a hacer según las abominaciones de aquellas naciones. ¹⁰ No sea hallado en ti quien haga pasar a su hijo o a su hija por el fuego, ni quien practique adivinación, ni agorero, ni sortílego, ni hechicero, ¹¹ ni encantador, ni adivino, ni mago, ni quien consulte a los muertos. ¹² Porque es abominación para con Jehová cualquiera que hace estas cosas, y por estas abominaciones Jehová tu Dios echa estas naciones de delante de ti. ¹³ Perfecto serás delante de Jehová tu Dios.

Veamos algunas de las palabras que se usan en el pasaje de Deuteronomio.

- "Adivinación" viene del hebreo "qesem" que se refiere a la brujería (Strong's Hebrew 7081).

- "Agorero" del hebreo "nachash" significa practicar adivinación y observar señales (Strong's Hebrew 5172).

- "Hechicero" se deriva del hebreo "kashaph" significa practicar la hechicería (Strong's Hebrew 3784).

- "Encantador" del hebreo "chabar" significa unir, juntar, encantar, atar un nudo mágico o hechizo (Strong's Hebrew 2266).

- "Adivino" del hebreo "shaal" significa preguntar o indagar (Strong's Hebrew 7592).

- "Mago" del hebreo "yiddeoni" se refiere a espíritus familiares (Strong's Hebrew 3049).

Si ponemos todas estas definiciones juntas vemos que cualquier cosa que involucre buscar la guía de fuentes impías, hablar palabras impías, o hacer pactos impíos es una forma de brujería. Cualquier cosa que tenga estas características tiene el poder de fascinarnos y debemos tomar autoridad espiritual sobre ello.

Debemos ser como Daniel y José, ellos entendieron que Dios es el único que tiene todas las respuestas y puede proveer todo lo que necesitamos.

Daniel 2:28 RVR
Pero hay un Dios en los cielos, el cual revela los misterios, y él ha hecho saber al rey Nabucodonosor lo que ha de acontecer en los postreros días.

Génesis 41:16 RVR
Respondió José a Faraón, diciendo: No está en mí; Dios será el que dé respuesta propicia a Faraón.

Amado lector, en los siguientes capítulos, aprenderemos como resistir las estratagemas del enemigo y dar la gloria a Dios, ¡En el nombre de Jesús!

Oración

Señor,

Te pido que me ayudes a asegurarme de que tú siempre tienes el primer lugar en mi vida. Reprendo a todo espíritu que trate de fascinarme y que viene en contra de mi destino o cualquier obra que Dios me ha encomendado. Declaro y decreto que cumpliré el plan de Dios para mi vida, en el nombre de Jesús.

Diario para el Destino

1. ¿Cómo está su caminar con el Señor? ¿Cuáles son las razones principales por las que le sirve?

2. ¿Alguna vez ha sido "fascinado" por algo que trató de alejarlo de su destino? ¿Cómo manejó usted esa situación? Ahora que ha leído este capítulo, ¿cómo podría manejar la situación de forma diferente?

Cápitulo 2
Rompiendo el Hechizo de Jezabel: El Engaño del Disfraz

Amados lectores, uno de los espíritus más "serpentinos" y manipuladores que los creyentes pueden encontrar es el espíritu de Jezabel. Vemos la naturaleza de serpiente de esta clase de espíritus en la Palabra de Dios:

Génesis 3:1 RVR
Pero la serpiente era astuta, más que todos los animales del campo.

1 Timoteo 4:1 RVR
Pero el Espíritu dice claramente que en los postreros tiempos algunos apostatarán de la fe, escuchando a espíritus engañadores y a doctrinas de demonios.

Como recordarán, Jezabel es introducida en la Biblia como la esposa ilegal del rey Acab. En 1 Reyes 16:30, el texto nos enseña como el cielo se opuso a esta unión ilegal que llevaría a la caída del Rey Acab y causaría una gran hambruna en el reino.

1 Reyes 16:30 RVR
Y reinó Acab hijo de Omri sobre Israel en Samaria veintidós años. Y Acab hijo de Omri hizo lo malo ante los ojos de Jehová, más que todos los que reinaron antes de él. ³¹ Porque le fue ligera cosa andar en los pecados de Jeroboam hijo de Nabat, y tomó por mujer a Jezabel, hija de Et-baal rey de los sidonios, y fue y sirvió a Baal, y lo adoró.

Esta introducción en las páginas de las escrituras profetiza la lucha contra fortalezas que encontramos cuando peleamos contra el espíritu de Jezabel. Debemos entender que Jezabel se casó con Acab por un matrimonio político. A menudo vemos, a través de las escrituras, matrimonios políticos que se llevaron a cabo para mantener la seguridad nacional de Israel. Estos matrimonios se realizaban para estabilizar la economía y otros intereses nacionales de Israel. Cuando el Rey David se unía en un matrimonio político, la novia se comprometía a adorar y servir al Dios de Israel. Vemos un ejemplo de un matrimonio político entre David y Maaca en el libro de 2 de Samuel.

2 Samuel 3:2-3
Y nacieron hijos a David en Hebrón; su primogénito fue Amnón, de Ahinoam jezreelita; ³ su segundo Quileab, de Abigail la mujer de Nabal el de Carmel; el tercero, Absalón hijo de Maaca, hija de Talmai rey de Gesur.

Maaca, la hija de Talmai rey de Gesur, tuvo que convertirse completamente y aceptar las leyes de Dios, su Palabra y servirle al Dios de Israel. Finalmente vemos que Israel conquistó el territorio de Gesur para Dios y su gloria se esparció por las naciones.

En contraste, Acab no tenía ninguna consideración para Dios, no tenía intención de darle la gloria, ni plan para santificar el nombre de Dios entre las naciones. Él fue completamente seducido por el espíritu de Jezabel con tal de mejorar la economía de Israel. Jezabel, la hija de Et-baal rey de los sidonios, era de descendencia fenicia. La gente de Fenicia era conocida por su producción de tintes púrpuras, una mercancía muy cara en el mundo antiguo. Los antiguos fenicios eran gente marítima, y también eran conocidos por su madera de ciprés, lino bordado, y los cedros del Líbano.

A los ojos de Acab, un matrimonio político con Jezabel de Fenicia sería un estímulo tremendo para el comercio y la economía de Israel. Por eso, amados, vemos que el espíritu de Jezabel entra en nuestras vidas a través de compromiso, arraigado en nuestra falta de confianza en Dios para proveerlo todo. Amados, cuando no confiamos en Dios, ya nos hemos predestinado al fracaso y la derrota. Veamos el libro de Jeremías para ver detalles adicionales de la importancia de confiar en Dios, no en el hombre, para satisfacer todas nuestras necesidades.

Jeremías 17:5-8 RVR
Así ha dicho Jehová: Maldito el varón que confía en el hombre, y pone carne por su brazo, y su corazón se aparta de Jehová. ⁶ Será como la retama en el desierto, y no verá cuando viene el bien, sino que morará en los sequedales en el desierto, en tierra despoblada y deshabitada. ⁷ Bendito el varón que confía en Jehová, y cuya confianza es Jehová. ⁸ Porque será como el árbol plantado junto a las aguas, que junto a la corriente echará sus raíces, y no verá cuando viene el calor, sino que su hoja estará verde; y en el año de sequía no se fatigará, ni dejará de dar fruto.

Es por eso, amado lector, que debemos tener una vida de oración apartada de nuestras vidas de ministerio. Es muy fácil para un joven novato del ministerio, que no entiende cuán importante es estar apegado a Dios en oración, empezar a confiar en la carne y poner su confianza en la carne.

El Espíritu de Seducción Sutil

El espíritu de seducción sutil corría desenfrenado en la iglesia primitiva, al igual que hoy día. El no poder vencer al espíritu de Jezabel era uno de los principales problemas que vemos en las 7 cartas a las 7 iglesias reveladas en el libro de Apocalipsis. Esto significa que las puertas del engaño pueden ser tan fuertes, que ni siquiera nos damos cuenta que sólo hemos tolerado al espíritu de Jezabel, en vez de destruirlo.

Apocalipsis 2:18-20
Y escribe al ángel de la iglesia en Tiatira: El Hijo de Dios, el que tiene ojos como llama de fuego, y pies semejantes al bronce bruñido, dice esto: [19] Yo conozco tus obras, y amor, y fe, y servicio, y tu paciencia, y que tus obras postreras son más que las primeras. [20] Pero tengo unas pocas cosas contra ti: que toleras que esa mujer Jezabel, que se dice profetisa, enseñe y seduzca a mis siervos a fornicar y a comer cosas sacrificadas a los ídolos.

Esta es una "tochaha" (la palabra en hebreo para "reprensión") muy fuerte que Jesús le da a la iglesia de Tiatira. Cuando Jesús dice que Jezabel "se dice profetisa" quiere decir que Jezabel ni siquiera es una profetisa; Jesús también dice que la iglesia en Tiatira no tenía la madurez espiritual para saber la diferencia entre un profeta verdadero, el espíritu de profecía y el oficio de profeta. En Tiatira, esta inmadurez espiritual era una puerta abierta para los espíritus seductores de los últimos tiempos; por tanto Jezabel pudo seducir y enseñar a los siervos del Señor a cometer fornicación. Los creyentes se unieron emocional y espiritualmente a Jezabel y fueron "fascinados y desarmados." En vez de beber de la fuente de agua viva, bebieron de una fuente impura que no podía retener agua, como vemos en el libro de Jeremías.

Jeremías 2:13 RVR
Porque dos males ha hecho mi pueblo: me dejaron a mí, fuente de agua viva, y cavaron para sí cisternas, cisternas rotas que no retienen agua.

Amados, la seducción sutil del espíritu de Jezabel sucede de dos formas: a través de disfraces astutos, que exploraremos en este capítulo, y a través del consejo corrupto, que examinaremos en el próximo capítulo.

Los disfraces astutos nos engañan porque nos falta la enseñanza de Dios, como vemos en el libro de Oseas.

Oseas 4:6 RVR
Mi pueblo fue destruido, porque le faltó conocimiento. Por cuanto desechaste el conocimiento, yo te echaré del sacerdocio; y porque olvidaste la ley de tu Dios, también yo me olvidaré de tus hijos.

La falta de discernimiento de la presencia de espíritus trabajando, y la caída subsecuente de los creyentes también viene por la inmadurez espiritual. Esta falta de discernimiento abre la puerta de engaño a la trampa de acercarnos a la muerte espiritual en las fauces de Jezabel. Desafortunadamente, hay muchos ministros autonombrados y auto-ungidos que no tienen la experiencia suficiente en la Palabra, o que aún no han pagado el precio, que descarrían a otros y no les enseñan la Palabra de Dios pura e incorrupta.

Amados, podemos ser engañados por lo que parece ser la unción, y suena como la unción, pero es el espíritu de Jezabel tratando de engañar a los escogidos de Dios. Veamos qué le pasó a Pablo en el libro de Hechos.

Hechos 16:16-18 RVR
Aconteció que mientras íbamos a la oración, nos salió al encuentro una muchacha que tenía espíritu de adivinación, la cual daba gran ganancia a sus amos, adivinando. [17] Esta, siguiendo a Pablo y a

nosotros, daba voces, diciendo: Estos hombres son siervos del Dios Altísimo, quienes os anuncian el camino de salvación. ¹⁸ Y esto lo hacía por muchos días; mas desagradando a Pablo, éste se volvió y dijo al espíritu: Te mando en el nombre de Jesucristo, que salgas de ella. Y salió en aquella misma hora.

Esta joven estaba poseída con un espíritu de adivinación ("python" en griego), pero el espíritu malvado no fue detectado hasta que desagradó a Pablo, es decir, que desagradó al Espíritu Santo en Pablo. El espíritu de adivinación creó fricción en el fluir de la unción. Amados, ¿se imaginan estar con Pablo y experimentar un estorbo en la unción? Esta joven usaba un disfraz muy astuto. Sonaba tan santa diciendo: Estos hombres son siervos del Dios Altísimo, pero no había nada santo en lo que ella hacía. La Biblia dice que hizo esto por muchos días, lo que significa que era difícil discernir inmediatamente la presencia de un espíritu malvado. Amados, ¿pueden ver que parece como si fuera unción, suena como la unción?, pero no es la unción. Es un intento diseñado cuidadosamente para seducir a los creyentes por medio de la fascinación y el engaño. Es un disfraz astuto.

Otra forma en la que el espíritu de Jezabel disfraza las cosas es hacer que lo bueno parezca malo, y lo malo parezca bueno, como vemos en el libro de Mateo.

Mateo 12:22-24
Entonces fue traído a él un endemoniado, ciego y mudo; y le sanó, de tal manera que el ciego y mudo veía y hablaba. [23] Y toda la gente estaba atónita, y decía: ¿Será éste aquel Hijo de David? [24] Mas los fariseos, al oírlo, decían: Este no echa fuera los demonios sino por Beelzebú, príncipe de los demonios.

El espíritu de Jezabel también está conectado con la brujería, o tendencia a ocultar las cosas, como vemos en el libro de 2 de Reyes.

2 Reyes 9:22 RVR
Cuando vio Joram a Jehú, dijo: ¿Hay paz, Jehú? Y él respondió: ¿Qué paz, con las fornicaciones de Jezabel tu madre, y sus muchas hechicerías?

La palabra en hebreo para hechicería es "anan" que significa cubrir. Cuando algo es cubierto, parece que es una cosa, pero en realidad es otra. Significa que es un disfraz astuto, que también podemos ver en 2 de Reyes.

2 Reyes 9:30 RVR
Vino después Jehú a Jezreel; y cuando Jezabel lo oyó, se pintó los ojos con antimonio, y atavió su cabeza, y se asomó a una ventana.

La palabra pintar es la palabra "soom" in Hebreo, que significa disfrazar. Jezabel se disfrazó porque no quería que Jehú la reconociera. Jezabel sabía que Jehú había sido ungido por Dios para destruir la casa de Acab y Jezabel, porque habían matado a los profetas de Dios.

El espíritu de disfraz engañador que estaba conectado con Jezabel era tan fuerte que también influyó a Acab; él estaba tan manipulado que operó de la misma manera que Jezabel. La Biblia nos muestra como Acab se disfrazó cuando fue a la batalla para no ser detectado por el enemigo.

1 Reyes 22:30 RVR
Y el rey de Israel dijo a Josafat: Yo me disfrazaré, y entraré en la batalla; y tú ponte tus vestidos. Y el rey de Israel se disfrazó, y entró en la batalla.

Ponerse un disfraz es una señal de que el enemigo está en guerra contra el pueblo de Dios. Cuando hay algo que irrita el reino de las tinieblas, cuando el pueblo de Dios está ganando territorio para el Señor o está a punto de avanzar al siguiente nivel de su destino, el enemigo se pone un disfraz y pelea en contra del pueblo de Dios. Cuando vemos un disfraz, cuando el enemigo trata de aparentar ser otra cosa, sabemos que estamos frente a frente contra el espíritu de Jezabel.

Para poder identificar y vencer disfraces de engaño, debemos pasar tiempo a solas con Dios y su Palabra para que siempre reconozcamos su presencia. También debemos probar a los espíritus que vienen a nuestra vida constantemente, como vemos en el libro de 1 de Juan.

1 Juan 4:1 RVR
Amados, no creáis a todo espíritu, sino probad los espíritus si son de Dios; porque muchos falsos profetas han salido por el mundo.

Amados lectores, cuando pasamos tiempo con el Señor y seguimos sus mandamientos, no seremos engañados por los disfraces de engaño. Cumpliremos nuestro destino y seremos victoriosos, en el nombre de Jesús.

Oración

Señor,
Te pido que me ayudes a discernir cada engaño del espíritu de Jezabel. Proclamo la unción de la victoria comprada con sangre que es mía a través de la cruz y la resurrección. Te pido que me des discernimiento sobre todo engaño que quiere destruir mi destino. En el nombre de Jesús, amén.

Diario para el Destino

1. ¿Cómo definiría o describiría el "engaño del disfraz" que usa el espíritu de Jezabel?

2. ¿Alguna vez ha sido influenciado por un disfraz de engaño? ¿Cómo manejó esa situación? Ahora que ha leído este capítulo ¿Cómo pudo haber manejado la situación de forma diferente?

Cápitulo 3
El Consejo Corrupto de Jezabel

Amados, continuamos con nuestro estudio del espíritu de Jezabel, mientras aprendemos cómo opera este espíritu y lo que podemos hacer para destruir esta fortaleza. En el capítulo pasado, aprendimos la primera forma en la que el espíritu de Jezabel trata de afectar de forma negativa a los creyentes: utilizando disfraces de engaño; en este capítulo, nos enfocaremos en otra de las formas en las que el espíritu de Jezabel trata de seducir a los creyentes, a través del consejo corrupto. La Biblia nos habla sobre el consejo corrupto en el libro de 1 de Reyes.

1 Reyes 21:25 RVR
A la verdad ninguno fue como Acab, que se vendió para hacer lo malo ante los ojos de Jehová; porque Jezabel su mujer lo incitaba.

Jezabel manipulaba e incitaba a Acab a través de su consejo corrupto. El espíritu de Jezabel a menudo opera a través del consejo corrupto para engañarnos y sacarnos de nuestro ministerio y de nuestro destino. A veces el espíritu de consejo corrupto viene a nosotros cuando estamos desanimados o distraídos pensando en cosas que nos molestan. Este espíritu usa problemas emocionales que a veces prevalecen porque no hemos aprendido como ser buenos soldados de la cruz. Las fauces de Jezabel pueden seducirnos fácilmente y alejarnos de nuestro propósito predestinado si no hemos aprendido como resistir hasta el final. En algún punto de nuestras vidas, seremos probados para resistir los engaños de Jezabel, su hechicería y consejo corrupto.

Debemos tener discernimiento cuando hacemos planes y tomamos decisiones, y no ser engañados por lo que oímos; a veces el consejo que oímos de otros, o incluso durante nuestro tiempo a solas, pueden venir de una fuente engañosa. Por ejemplo, Jezabel no siempre era exigente cuando hablaba con otras personas. A veces usaba una voz suave y decía cosas como: ¿Eres tú ahora rey sobre Israel? Levántate, y come y alégrate; yo te daré la viña de Nabot de Jezreel. (1 Reyes 21:7). El espíritu de Jezabel tratará de incitarnos y jugar con nuestras emociones. Este espíritu a veces puede sonar como nuestra propia voz y decir cosas que le gustan a nuestra carne. Por eso debemos llevar cautivo todo pensamiento y determinar su origen; de otra forma escucharemos y estaremos de acuerdo con pensamientos que vienen del enemigo. Esos pensamientos se pueden convertir en fortalezas e influenciar de forma negativa nuestra mente y nuestras acciones. El enemigo es muy astuto y sabe el mejor momento para poner pensamientos malvados en nuestras vidas; él enviará pensamientos contrarios a la voluntad de Dios cuando estamos cansados, ofendidos, lastimados y débiles. Siempre debemos guardar nuestros pensamientos cuidadosamente y mantenernos enfocados en la Palabra y voluntad de Dios. Debemos ser expertos en elegir la batalla en la que queremos estar: la batalla de Dios en nuestro destino, o la batalla de la carne que no produce fruto. Por eso las ofensas deben resbalarse de nosotros como el agua se resbala de las plumas de un pato. Pero eso solo sucede con mucha oración.

Podemos saber más sobre las características del consejo corrupto si observamos el impacto que tuvieron las palabras de Atalía, la hija de Jezabel y Acab.

2 Crónicas 22:2-3 RVR
Cuando Ocozías comenzó a reinar era de cuarenta y dos años, y reinó un año en Jerusalén. El nombre de su madre fue Atalía, hija (nieta) de Omri. [3] También él anduvo en los caminos de la casa de Acab, pues su madre le aconsejaba a que actuase impíamente.

El espíritu de Jezabel hizo que Atalía aconsejara a su hijo a hacer lo malo y rechazar los caminos del Señor. El consejo malvado nos influye para dejar de servir a Dios. También nos influye para rendirnos, querer morirnos o creer que no hay razón para seguir. A veces las personas nos dan un mal consejo, pero eso no significa que están siendo guiados por un espíritu malvado, tal vez ellos estén cansados, o no tienen el entendimiento de una situación en particular. Pero cuando alguien nos da consejo corrupto con un propósito demoniaco, hay una fascinación en nuestras mentes. El consejo demoniaco trata de hacer que queramos morirnos, que abandonemos nuestros sueños, hacernos sentir sin importancia, hacernos sentir que no somos dignos de que Dios nos use, hacernos sentir desesperados y hacernos decir: "Dios mío, no veo resultados." Comenzamos a pensar que nunca vamos a avanzar y que Dios no nos ha llamado y que es mejor rendirnos. Ese es un espíritu de consejo corrupto, tratando de desanimarnos y engañarnos para sacarnos de nuestro destino.

El espíritu de consejo corrupto, no sólo trata de destruir los destinos de los individuos, sino que también de naciones enteras. En el libro de Esdras, vemos como el espíritu de consejo corrupto trató de impedir que los israelitas reconstruyeran el templo y reestablecieran la adoración al Dios Altísimo en la tierra de Israel.

Esdras 4:1-5 RVR
Oyendo los enemigos de Judá y de Benjamín que los venidos de la cautividad edificaban el templo de Jehová Dios de Israel, ^{2} vinieron a Zorobabel y a los jefes de casas paternas, y les dijeron: Edificaremos con vosotros, porque como vosotros buscamos a vuestro Dios, y a él ofrecemos sacrificios desde los días de Esar-hadón rey de Asiria, que nos hizo venir aquí. ^{3} Zorobabel, Jesúa, y los demás jefes de casas paternas de Israel dijeron: No nos conviene edificar con vosotros casa a nuestro Dios, sino que nosotros solos la edificaremos a Jehová Dios de Israel, como nos mandó el rey Ciro, rey de Persia. ^{4} Pero el pueblo de la tierra intimidó al pueblo de Judá, y lo atemorizó para que no edificara. ^{5} Sobornaron además contra ellos a los consejeros para frustrar sus propósitos, todo el tiempo de Ciro rey de Persia y hasta el reinado de Darío rey de Persia.

En este pasaje, el texto nos enseña que "sobornaron" a los consejeros para frustrar sus propósitos. Eso significa que era un plan astuto para impedir la reconstrucción del templo utilizando la guerra subliminal del consejo corrupto. Cada vez que nos movemos de acuerdo con el plan de Dios para nuestras vidas, cada vez que vemos progreso en nuestra familia, negocio, o cualquier área de nuestras vidas, habrá oposición de espíritus que no quieren vernos tener éxito. El adversario no quiere que retomemos territorio o reconstruyamos el Reino de Dios. El enemigo enviará espíritus o gente con el propósito de alejarnos del camino que Dios ha planeado para nosotros. La palabra en hebreo para "consejeros" es *ya'ats,* que también significa "conspirador." estos espíritus malvados ya han conspirado un plan para sacarnos del plan perfecto de Dios para nuestras vidas, para hacernos tibios, para hacernos de doble ánimo, para agotarnos y frustrarnos para que nos rindamos y no hagamos lo que Dios nos ha llamado a hacer.

En el libro de 1 Reyes, vemos evidencia adicional de cuán poderoso y desmoralizador puede ser el espíritu de consejo corrupto.

1 Reyes 19:1-4 RVR
Acab dio a Jezabel la nueva de todo lo que Elías había hecho, y de cómo había matado a espada a todos los profetas. ² Entonces envió Jezabel a Elías un mensajero, diciendo: Así me hagan los dioses, y aun me añadan, si mañana a estas horas yo no he puesto tu persona como la de uno de ellos. ³ Viendo, pues, el peligro, se levantó y se fue para salvar su vida, y vino a Beerseba, que está en Judá, y dejó allí a su criado. ⁴ Y él se fue por el desierto un día de camino, y vino y se sentó debajo de un enebro; y deseando morirse, dijo: Basta ya, oh Jehová, quítame la vida, pues no soy yo mejor que mis padres.

Elías era un hombre de poder, hombre de Dios, pero estaba en un estado de vulnerabilidad cuando recibió la carta de Jezabel. Acababa de matar a 450 profetas de Baal, y 400 sacerdotes de Asera, y su siervo no sabía cómo proteger a este hombre de Dios y la unción en la vida de Elías. Elías estaba vulnerable porque su siervo no había madurado lo suficiente para sostener el llamado de Elías, como vemos en el siguiente verso:

1 Reyes 18:43-44 RVR
Y dijo a su criado: Sube ahora, y mira hacia el mar. Y él subió, y miró, y dijo: No hay nada. Y él le volvió a decir: Vuelve siete veces. ⁴⁴ A la séptima vez dijo: Yo veo una pequeña nube como la palma de la mano de un hombre, que sube del mar. Y él dijo: Ve, y di a Acab: Unce tu carro y desciende, para que la lluvia no te ataje.

1 Reyes 19:3
Viendo, pues, el peligro, se levantó y se fue para salvar su vida, y vino a Beerseba, que está en Judá, y dejó allí a su criado.

Cuando leemos que Elías "dejó a su criado allí" quiere decir que el siervo no estaba equipado para proteger al hombre de Dios en la batalla contra las fortalezas. Como resultado Elías huyó por su vida. Elías fue forzado a dejar la región de su ministerio por el espíritu de Jezabel porque él era un profeta del norte del reino de Israel. Así que cuando Elías leyó la carta de Jezabel maldiciéndolo y pronunciando palabras de muerte, Elías quería perecer. La fuerza de las palabras contra Elías era tan fuerte que la Biblia dice que "camino, y vino y se sentó debajo de un enebro; y deseando morirse" (1 Reyes 19:4). Las palabras eran tan diabólicas que intentaban prevenir que él regresara al reino del norte. La táctica de Jezabel era usar la hechicería de las palabras como una forma de intimidación, manipulación y control. Como ya hemos visto antes, el espíritu de consejo corrupto nos golpea cuando estamos en una posición débil o vulnerable, y los resultados pueden ser devastadores.

Pero si nos mantenemos fieles en la lucha contra los espíritus que tratan de alejarnos de nuestro ministerio, Dios nos recompensará con un aumento de la unción. Vemos esto en la vida de Elías, cuando él pudo oír a Dios en una voz apacible y delicada. (1 Reyes 19:12).

Amados, ¿qué más podemos hacer para vencer al espíritu de Jezabel?

En primer lugar, Dios proveyó el poder de la oración y ayuno como una solución sobrenatural para conquistar al espíritu de Jezabel en el libro de 1 Reyes

1 Reyes 19:6-8 RVR
Entonces él miró, y he aquí a su cabecera una torta cocida sobre las ascuas, y una vasija de agua; y comió y bebió, y volvió a dormirse. [7] Y volviendo el ángel de Jehová la segunda vez, lo tocó, diciendo:

Levántate y come, porque largo camino te resta. ⁸ Se levantó, pues, y comió y bebió; y fortalecido con aquella comida caminó cuarenta días y cuarenta noches hasta Horeb, el monte de Dios.

El texto nos enseña que "fortalecido con aquella comida caminó cuarenta días y cuarenta noches hasta Horeb, el monte de Dios." La fuerza de esa comida es el regalo de la gracia de Dios que Él nos dará cuando apliquemos las armas de guerra de ayuno y oración contra el espíritu de Jezabel.

Vemos evidencia adicional de la importancia de la oración y del ayuno en la historia de Abdías y los profetas como estrategia para vencer al espíritu de Jezabel en el libro de 1 de Reyes.

1 Reyes 18:3-4 RVR
Y Acab llamó a Abdías su mayordomo. Abdías era en gran manera temeroso de Jehová. ⁴ Porque cuando Jezabel destruía a los profetas de Jehová, Abdías tomó a cien profetas y los escondió de

cincuenta en cincuenta en cuevas, y los sustentó con pan y agua.

Dios colocó estratégicamente a Abdías en la casa de Acab. Y Abdías entendió que él estaba en la casa del rey con un propósito divino. Cuando Acab y Jezabel planearon matar a los profetas de Israel, Abdías oyó el plan malvado porque era parte de la casa del rey. Abdías sabía que tenía que hacer algo. Arriesgó su vida y escondió a los profetas en una cueva, y los alimento con pan y agua. Esconderse en una cueva representa tener un tiempo a solas con Dios de oración, y el pan y el agua representan ayuno y oración. Cuando hay una situación seria en nuestras vidas o en la vida de otros que involucra al espíritu de Jezabel, necesitamos estar en oración con Dios y buscar su solución. No podemos pelear contra poderes espirituales en la carne; necesitamos buscar la estrategia del Señor para conquistar al espíritu de Jezabel. Como dice en 2 Corintios 10:3-5 Pues aunque andamos en la carne, no militamos según la carne; porque las armas de nuestra milicia no son carnales, sino poderosas en Dios para la destrucción de fortalezas, derribando argumentos y toda altivez que se levanta contra el conocimiento de Dios, y llevando cautivo todo pensamiento a la obediencia a Cristo.

En segundo lugar, debemos comprometernos a luchar contra el espíritu de Jezabel hasta que logremos la victoria. Una batalla que dura mucho tiempo se llama lucha, y pelear contra el espíritu de Jezabel es una lucha. Una lucha no es contra demonios pequeños. Si hemos estado peleando por más de una semana, es una señal que estamos luchando contra principados, contra un príncipe demoniaco que quiere destruir nuestra familia y nuestra vida. No podemos rendirnos de la noche a la mañana; debemos seguir en la batalla, seguir en la lucha. Debemos usar diferentes tipos de armas, como la oración y el ayuno. Debemos usar la oración y la fe y declarar: "yo creo que Dios me dará la victoria, y no voy a flaquear en mi fe; sé que ya tengo las promesas de la Palabra, y en el nombre de Jesús, no me detendré hasta que el espíritu de Jezabel sea destruido." Si no sentimos paz en el espíritu, debemos seguir en la batalla hasta que el espíritu de Jezabel sea derribado.

Encontramos una tercera estrategia para conquistar al espíritu de Jezabel en la vida de Elías en el libro de 1 de Reyes.

1 Reyes 18:30 RVR
Entonces dijo Elías a todo el pueblo: Acercaos a mí. Y todo el pueblo se le acercó; y él arregló el altar de Jehová que estaba arruinado.

Debemos examinar nuestra vida y ver si el altar del Señor está arruinado. ¿Nuestro sacrificio y servicio a Dios necesita reparaciones? ¿Le estamos sirviendo al Señor de todo corazón y con pasión? ¿Hay áreas en nuestra vida que estén comprometidas? ¿Todavía estamos trabajando en la obra que Él nos ha encomendado, estamos en los lugares a los que Él nos ha llamado a servir? Debemos ser fieles y completar la obra que Dios nos ha dado, Dios siempre nos dará la gracia para completar la tarea que Él nos ha dado. Debemos examinar nuestra vida y aseguramos de que el altar del Señor, nuestro sacrificio y servicio a Él, están en un estado de excelencia.

Amado pueblo de Dios, ahora que tenemos un claro entendimiento de cómo el espíritu de Jezabel opera, debemos destruir esta fortaleza malvada, en el nombre poderoso de Jesús.

Quiero concluir este capítulo con una palabra personal de aliento para usted: Yo creo que ahora mismo usted está siendo ungido con la estrategia sobrenatural y regalo de gracia para derribar todo plan en contra de su destino. Creo que cuando usted le pida a Dios la gracia para pelear esta lucha, Él le dará una estrategia de poder para que usted no sólo gane la batalla, sino que salga de la lucha con una mayor unción, mayor ministerio, mayor sabiduría y una doble porción del destino.

Salmo 66:12 RVR
Pasamos por el fuego y por el agua, y nos sacaste a abundancia.

Oración

Señor,

Te pido que me ayudes a interpretar cada situación en mi vida desde tu perspectiva. Declaro y decreto que no seré influenciado por el consejo corrupto. Dame fuerza y discernimiento para que no sea alejado de mi llamado bajo ninguna condición. En el nombre de Jesús, amén.

Diario para el Destino

1. ¿Cómo describiría lo que es el "consejo corrupto"?

2. ¿Ha habido una situación en su vida en la que usted recibió consejo corrupto? ¿Cómo manejo usted esa situación? Ahora que ya ha leído este capítulo ¿Cómo pudo haber manejado la situación de forma diferente?

Cápitulo 4
El Espíritu Seductor de Dalila

Amados, en los últimos tiempos, habrá espíritus inmundos asignados para remover la unción de nuestras vidas y para engañarnos y sacarnos de nuestro destino. Una de estas entidades engañosas es el espíritu de Dalila. En este capítulo, aprenderemos acerca de la naturaleza serpentina del espíritu de Dalila; en el próximo capítulo aprenderemos como este espíritu serpentino trató de descarriar el destino de Sansón, y cómo podemos prevenir que este espíritu afecte nuestras vidas.

En el libro de Jueces, la historia de Sansón y Dalila es una predicción profética documentada en detalle de cómo opera este espíritu. Creo que el autor del libro de Jueces, el profeta Samuel, tenía una revelación profética para cada generación que va más allá de una narrativa de la historia hebrea. La misión de los profetas deja un legado de enseñanza a cada generación, la cual es personal, poderosa, profética y

relevante. Los escritos de los profetas en las Escrituras son relevantes en todo tiempo, en términos de su propósito profético e intención.
Comenzaremos nuestro estudio del espíritu de Dalila, examinando los pasajes de 1 Timoteo 4 y Jueces 16.

1 Timoteo 4:1-2 RVR
Pero el Espíritu dice claramente que en los postreros tiempos algunos apostatarán de la fe, escuchando a espíritus engañadores y a doctrinas de demonios; ^{2} por la hipocresía de mentirosos que, teniendo cauterizada la conciencia...

Jueces 16:4-6
Después de esto aconteció que se enamoró de una mujer en el valle de Sorec, la cual se llamaba Dalila. ^{5} Y vinieron a ella los príncipes de los filisteos, y le dijeron: Engáñale e infórmate en qué consiste su gran fuerza, y cómo lo podríamos vencer, para que lo atemos y lo dominemos; y cada uno de nosotros te dará mil cien siclos de plata. ^{6} Y Dalila dijo a Sansón: Yo te ruego que me declares en qué

consiste tu gran fuerza, y cómo podrás ser atado para ser dominado.

Jueces 16:17-20 RVR
Le descubrió, pues, todo su corazón, y le dijo: Nunca a mi cabeza llegó navaja; porque soy nazareo de Dios desde el vientre de mi madre. Si fuere rapado, mi fuerza se apartará de mí, y me debilitaré y seré como todos los hombres. [18] Viendo Dalila que él le había descubierto todo su corazón, envió a llamar a los principales de los filisteos, diciendo: Venid esta vez, porque él me ha descubierto todo su corazón. Y los principales de los filisteos vinieron a ella, trayendo en su mano el dinero. [19] Y ella hizo que él se durmiese sobre sus rodillas, y llamó a un hombre, quien le rapó las siete guedejas de su cabeza; y ella comenzó a afligirlo, pues su fuerza se apartó de él. [20] Y le dijo: ¡Sansón, los filisteos sobre ti! Y luego que despertó él de su sueño, se dijo: Esta vez saldré como las otras y me escaparé. Pero él no sabía que Jehová ya se había apartado de él.

Los espíritus seductores mencionados en estos pasajes, incluyendo el espíritu de Dalila, son fuerzas poderosas de los últimos tiempos, pero el poder de Dios para romper cadenas puede y quiere liberarnos. A través de la Biblia, vemos que Dios provee su protección para prevenir que seamos engañados por estos espíritus de los últimos tiempos, a través del conocimiento de su Palabra y del Espíritu Santo.

Aun así, es importante que pongamos de nuestra parte y tengamos entendimiento de cómo trabajan estos espíritus. En 1 Timoteo 4:1 se nos dice que muchos escucharán a espíritus engañadores. En el sentido griego de la Escritura, "escuchar" también significa "dar la mente de uno mismo" o darse por completo a algo o alguien. La palabra escuchar en este pasaje viene del griego "prosechontes", que significa enfocarse. En este sentido, escuchar significa concentrarse en algo; por ejemplo, si estamos pintando un cuarto, ponemos toda nuestra atención y esfuerzo en esa actividad, e ignoramos toda distracción que venga para poder hacer un buen trabajo. Pero "prosechontes" también puede funcionar de forma negativa; si no entendemos cómo los espíritus trabajan, entonces algún espíritu puede venir y tomar control de nuestras mentes (prosechontes) a través de sutilezas seductoras sin que nos demos cuenta de lo que pasa.

La operación y manipulación de los espíritus inmundos es a menudo un proceso lento de seducción. Debemos entender que los espíritus no vienen simplemente y toman control de nosotros súbitamente; nosotros tenemos que darles permiso de entrar de alguna forma. Recuerde: no hay admisión sin permiso. En Lucas 8:32, el texto nos enseña que los espíritus en el endemoniado gadareno pidieron permiso para entrar en los cerdos cuando Jesús les ordenó salir: la escritura dice que Jesús les dio permiso. A menudo, los espíritus tratarán de afectarnos influenciando nuestra mente primero. Por eso es que debemos ceñir los lomos de nuestro entendimiento (1 Pedro 1:13). Hay algunos que son fuertes espiritualmente y toman autoridad sobre los pensamientos del enemigo inmediatamente, diciendo: "Te ato en el nombre de Jesús – sal de aquí" o "yo reprendo ese pensamiento carnal, contrario a Cristo o imaginación perversa." Estas personas perceptivas espiritualmente vencen esos pensamientos del enemigo de inmediato y los ponen bajo la sangre de Jesús. Pero hay muchos de nosotros que somos más débiles. Si un pensamiento del enemigo viene a nuestra mente, pensamos en este todo el día, y todo nuestro ser puede ser consumido por ese pensamiento. Una vez que alimentamos pensamientos del enemigo en nuestra mente, esos pensamientos pueden causar cambios en nuestra actitud, luego nuestras decisiones comienzan a cambiar, y nuestro destino empieza a cambiar. Hemos sido seducidos a una actitud negativa. Esa seducción nos saca de nuestro lugar. Somos seducidos para cambiar nuestra actitud por cierta persona que ha sido llamada para apoyarnos en un ministerio que Dios nos ha dado para servir.

El apóstol Pablo se refiere a estos espíritus como espíritus seductores, esto significa que son espíritus de naturaleza serpentina. Podemos aprender más a cerca de espíritus serpentinos estudiando el libro de Génesis.

Génesis 3:1 RVR
Pero la serpiente era astuta, más que todos los animales del campo que Jehová Dios había hecho; la cual dijo a la mujer: ¿Conque Dios os ha dicho: No comáis de todo árbol del huerto?

En la escritura, la palabra "animal" o "fiera" no siempre se refiere al reino animal: "animal" también se puede referir a espíritus. Así que cuando nos referimos a espíritus serpentinos, no estamos hablando forzosamente de animales o criaturas que se arrastran en el suelo. En la escritura podemos ver que la palabra "fiera" se refiere a espíritus demoniacos que Jesús encontró en el desierto, como vemos en Marcos.

Marcos 1:13 RVR
Y estuvo allí en el desierto cuarenta días, y era tentado por Satanás, y estaba con las fieras; y los ángeles le servían.

Durante los 40 días y 40 noches que Jesús ayunó en el desierto, él se encontró con "fieras salvajes." La palabra en griego que se tradujo como "fieras" es "therion," que es un sinónimo espiritual de los poderes demoniacos que Jesús venció en el desierto a través de su oración y ayuno.

Estos poderes demoniacos o espíritus serpentinos tratarán de engañarnos y sacarnos de nuestro destino, y tratarán de alejarnos del plan de Dios para nuestra vida, influenciándonos con pensamientos engañosos, por ejemplo, haciéndonos estar enojados por cierta situación o ciertas personas. Estos espíritus engañadores tienen el propósito de hacernos ver nuestra situación en la carne. Es por eso que las influencias demoniacas tienen la libertad de reinar en la mente de cristianos que no son responsables de sus pensamientos o no son capaces de manejar sus emociones.

Romanos 8:7 RVR
Por cuanto los designios de la carne son enemistad contra Dios; porque no se sujetan a la ley de Dios, ni tampoco pueden.

Los creyentes deben saber cómo sujetar su carne bajo el Espíritu Santo; de otra forma tendremos una iglesia que es engañada fácilmente. Debemos aprender cómo poner a los demás antes que nosotros mismos; como dice Filipenses 2:3-4, Nada hagáis por contienda o por vanagloria; antes bien con humildad, estimando cada uno a los demás como superiores a él mismo; no mirando cada uno por lo suyo propio, sino cada cual también por lo de los otros.

Encontramos descripciones adicionales de los espíritus serpentinos en los siguientes versículos:

2 Corintios 11:3 RVR
Pero temo que como la serpiente con su astucia engañó a Eva, vuestros sentidos sean de alguna manera extraviados de la sincera fidelidad a Cristo.

Apocalipsis 12:9 RVR
Y fue lanzado fuera el gran dragón, la serpiente antigua, que se llama diablo y Satanás, el cual engaña al mundo entero...

Como creyentes, nuestro destino es vencer y superar a los espíritus serpentinos. Estos son espíritus que influencian nuestras mentes primeramente y atacan nuestras emociones y nuestras debilidades. Estos espíritus pueden proclamar posesión sobre ciertas áreas de nuestra mente que les dan entrada continuamente. Por eso siempre debemos llevar cautivo todo pensamiento y aseguramos que es de Cristo, puro, sin críticas, amable, listo para servir, no es jactancioso, y está sujeto a la voluntad de Dios. Veamos lo que Jesús nos dice a cerca de nuestra autoridad sobre los espíritus serpentinos en el libro de Marcos.

Marcos 16:17-18 RVR
Y estas señales seguirán a los que creen: En mi nombre echarán fuera demonios; hablarán nuevas lenguas; ¹⁸ tomarán en las manos serpientes, y si bebieren cosa mortífera, no les hará daño; sobre los enfermos pondrán sus manos, y sanarán.

"Tomar serpientes" se refiere a la forma en la que Dios demuestra su poder y autoridad sobre los espíritus inmundos a través de Moisés cuando los israelitas se preparaban para ser libres de la esclavitud de Egipto. Veamos el libro de Éxodo 4:2-4, el texto nos enseña el significado sobrenatural de porqué la vara de Moisés se convirtió en culebra y luego en vara otra vez.

Éxodo 4:2-4 RVR
Y Jehová dijo: ¿Qué es eso que tienes en tu mano? Y él respondió: Una vara. ³ Él le dijo: Échala en tierra. Y él la echó en tierra, y se hizo una culebra; y

Moisés huía de ella. Entonces dijo Jehová a Moisés: Extiende tu mano, y tómala por la cola. Y él extendió su mano, y la tomó, y se volvió vara en su mano.

De acuerdo con fuentes rabínicas y Midráshicas, los sacerdotes de lo oculto en el antiguo Egipto encantaban serpientes y las hacían estar calmadas y pasivas. Lograban esto, presionando un nervio en el cuello de la serpiente y esta se ponía rígida como vara. En el pasaje anterior Dios le dice a Moisés que echara su vara en la tierra, y se convirtió en serpiente; luego Dios le dijo a Moisés que tomara la serpiente por la cola, y se convirtió en vara otra vez en su mano. Cuando Moisés tomó la vara en su mano y esta se convirtió en vara, era un milagro genuino; la serpiente no sólo se puso rígida por un nervio en su cuello, como lo hacían los sacerdotes.

Además, la vara representa la unción de Dios. Todas las señales y maravillas en Egipto, incluyendo las plagas y la separación del Mar Rojo, ocurrieron por la vara de Moisés y la vara de Aarón. La vara también representa la superioridad y autoridad de la unción sobre los espíritus inmundos. Vemos en Éxodo 7 cómo la vara de Moisés y Aarón devoró las varas de los sacerdotes egipcios. Dios demostró aún más la autoridad y superioridad de su unción en Éxodo 12:12, cuando dijo, Pues yo pasaré aquella noche por la tierra de Egipto, y heriré a todo primogénito en la tierra de Egipto, así de los hombres como de las bestias; y ejecutaré mis juicios en todos los dioses de Egipto. Yo Jehová. Ejecutar sus juicios contra los dioses de Egipto significa que Dios iba a ejecutar su juicio contra los espíritus que controlaban Egipto y contra los espíritus serpentinos que habían mantenido al pueblo de Dios en esclavitud por 400 años. Esos espíritus tenían que ser eliminados antes de que el pueblo pudiera salir de la esclavitud. Este mismo principio es verdad hoy en día; a veces hay espíritus que tienen que ser eliminados antes de que podamos salir de la esclavitud, antes de que podamos llegar al siguiente nivel, y antes de que lleguemos al lugar nuevo que Dios ha planeado para nosotros.

Oración

Señor,
Te alabo y te doy gracias. Ayúdame a mantener mi mente enfocada en ti. Ayúdame a llevar todo pensamiento cautivo a la obediencia, y muéstrame cómo caminar en la autoridad espiritual que me has dado. ¡A ti sea la gloria! En el nombre de Jesús, amén.

Diario para el Destino

1. ¿Alguna vez ha pasado mucho tiempo alimentando un pensamiento que no es del Señor? ¿Puede ver algún patrón de cómo el enemigo comenzó a afectar sus pensamientos (ejemplo: a través de ira, depresión, celos, etc.)?

2. Cuando el enemigo trate de influenciar sus pensamientos en el futuro, ¿qué pasos puede tomar para asegurarse de que sus pensamientos estén enfocados en las cosas que son verdaderas, correctas, nobles, puras y preciosas (Filipenses 4:8)?

Capítulo 5
Liberación Del Engaño de Dalila

En el capítulo anterior, examinamos la naturaleza serpentina del espíritu de Dalila; en este capítulo, aprenderemos más de los retos específicos que Sansón enfrentó y la importancia de permanecer en el fuego de Dios y mantener nuestra consagración al Señor.

Amado lector, recordará que el llamado en la vida de Sansón era romper las ataduras espirituales de Israel y liberarlo de la mano de los filisteos. La cautividad de 40 años que Israel sufrió a manos de los filisteos, era la más larga y fuerte cautividad que habían experimentado desde que dejaron Egipto. La cautividad era fuerte porque los filisteos habían sometido tanto a los Israelitas que el pueblo de Dios no quería provocar ningún conflicto con los filisteos; había una apatía nacional entre los Israelitas. No querían ninguna confrontación y vivían sin libertad. Pero Dios sólo necesitaba a una persona para romper la cautividad de los filisteos, Y Él preparó a Sansón para que fuera ese líder, así como yo creo que usted está siendo preparado para ser ese líder hoy.

La consagración de Sansón, o voto nazareo, era la clave principal que lo preparó para liberar a Israel de la cautividad de los filisteos. Esta consagración comenzó antes de que Sansón naciera, como vemos en el pasaje bíblico cuando un ángel le habló a la madre de Sansón. El voto de consagración era el secreto de su fuerza. Dios necesitaba una consagración sobrenatural en una generación con tanta apatía.

Jueces 13:4-5 RVR
Ahora, pues, no bebas vino ni sidra, ni comas cosa inmunda. ⁵ Pues he aquí que concebirás y darás a luz un hijo; y navaja no pasará sobre su cabeza, porque el niño será nazareo a Dios desde su

nacimiento, y él comenzará a salvar a Israel de mano de los filisteos.

Un voto nazareo durante este tiempo en la historia de Israel generalmente duraba 30 días. La gente que tomaba este voto nazareo no se cortaban el cabello ni el vello facial; tampoco tocaban o consumían uvas o vino. En el tiempo en el que vivió Sansón, el vino era una bebida básica para los individuos de Israel, así que evitar las uvas y el vino era un reto. Un voto nazareo era una consagración poderosa, y a la gente que hacía este voto se les consideraba apartados para Dios durante la duración del voto. A veces la gente hacía votos de por vida y la consagración duraba toda su vida. Como el ángel le dijo a la madre de Sansón que su hijo iba a ser nazareo a Dios desde su nacimiento, ella guardó un voto nazareo mientras estuvo embarazada de Sansón.

Y Sansón debía ser consagrado como nazareo toda su vida. Otros personajes en las Escrituras que tuvieron voto nazareo de por vida eran el profeta

Samuel (1 Samuel 1:11) y Juan el Bautista (Lucas 1:15).

Sin embargo, Sansón se enfrentó a circunstancias diferentes que hicieron muy difícil mantener el voto nazareo toda su vida. Probablemente, Sansón tuvo que caminar solo más que cualquier otro en la Biblia. Todas las personas que Dios usó en la Biblia tuvieron que caminar solos, pero Sansón era incomprendido por su generación. Los demás no entendían su consagración, y no entendían su caminar con Dios. Sansón se enfrentaba continuamente con los filisteos, bajo la guía del Señor; Sansón tenía una relación con alguien, pero causaba una confrontación con esa persona, por la justicia del Señor. Pero la mayoría de la gente en la vida de Sansón no entendía cómo Dios lo usaba para liberar a Israel de la cautividad de los filisteos; en Jueces 15, vemos que los compatriotas de Sansón lo entregaron a los filisteos porque creían que él causaba confrontación con los filisteos. La Biblia también dice que incluso el padre y la madre de Sansón no entendían que el matrimonio de Sansón, con su primera esposa filistea, era del Señor. En Jueces 14:4, las escrituras nos enseñan que "su padre y su madre no sabían que esto venía de Jehová, porque él buscaba ocasión contra los filisteos."

Sansón tuvo mucho éxito en sus batallas contra los filisteos, pero hubo un momento en su vida cuando se cansó y bajó la guardia. Los rabinos enseñan que Sansón tenía 60 años cuando se enamoró de Dalila. Dalila era capaz de influenciarlo porque él no tenía resistencia y su nivel de consagración había empezado a disminuir por su inhabilidad de reponerse después de las represalias del enemigo por tantas victorias para Dios. Sansón dejó entrar el desánimo y se dejó llevar de su lugar de fervencia y servicio a Dios. Él se acostumbró tanto a la presencia de Dios, que su servicio al Señor se volvió mecánico.

Amados, es nuestra responsabilidad personal, mantener el fuego por Dios. Si vemos que nuestra vida de oración es carente, debemos hacer algo al respecto. No debemos esperar a que las pruebas nos derriben o nos estorben. Dios no hizo que esas pruebas pasaran, más bien sucedieron porque abrimos una puerta. No estábamos alertas para Dios, nos salimos del espíritu por nuestra negligencia, y nos dejamos llevar a un lugar malo. Retomemos el territorio de intimidad y comunión con Él. ¡Retomemos ese territorio acercándonos a la gracia de Dios que nos permite hacer lo imposible! Busquemos a Dios porque lo amamos con todo el corazón, alma, mente y fuerzas, y no podemos vivir sin Él.

La Escritura nos da los detalles de cómo la lucha de Sansón era una señal incomprendida de la consagración en una generación con apatía.

Jueces 15:9-10 RVR

Entonces los filisteos subieron y acamparon en Judá, y se extendieron por Lehi. ¹⁰ Y los varones de Judá les dijeron: ¿Por qué habéis subido contra nosotros? Y ellos respondieron: A prender a Sansón hemos subido, para hacerle como él nos ha hecho.

Examinemos lo que sucedió aquí. Los hombres de Judá notaron que los filisteos habían invadido su territorio y les preguntaron ¿Por qué vinieron? ¿Qué hemos hecho para incitarlos? Hemos estado pagando los impuestos, hemos hecho todo lo que ustedes querían. Pensábamos que teníamos un acuerdo que si nos sometíamos a ustedes, ustedes no nos iban a molestar. Pero esta actitud era una señal de un problema más grave. Los israelitas no les dijeron a los Filisteos que se fueran de su tierra y no trataron de pelear en contra de los filisteos. Los israelitas trataban de apaciguar a los filisteos y mantenerlos en paz. Los filisteos respondieron que venían por Sansón; querían hacerle a Sansón lo que él les había hecho a ellos (una táctica de represalias).

Esto es lo que pasa cuando hay una victoria para el Reino de Dios: represalias. A veces cuando tomamos territorio para el Reino de Dios, el enemigo sabe lo que pasó y trata de vengarse por lo que le hicimos a su reino. Pero en el nombre de Jesús reprendemos ese espíritu de represalias. El Espíritu de Dios está en nosotros y no podemos ser atados.

Necesitamos intercesores que cubran la obra de Dios y a sus hijos en oración. Los intercesores tienen la responsabilidad de prevenir las represalias; deben de estar en sus puestos listos para proteger la obra de Dios, sobre todo cuando se le ha hecho daño al reino de las tinieblas.

Jueces 15:11-15 RVR

Y vinieron tres mil hombres de Judá a la cueva de la peña de Etam, y dijeron a Sansón: ¿No sabes tú que los filisteos dominan sobre nosotros? ¿Por qué nos has hecho esto? Y él les respondió: Yo les he hecho como ellos me hicieron. [12] Ellos entonces le dijeron: Nosotros hemos venido para prenderte y entregarte en mano de los filisteos. Y Sansón les respondió: Juradme que vosotros no me mataréis. [13] Y ellos le respondieron, diciendo: No; solamente te prenderemos, y te entregaremos en sus manos; mas no te mataremos. Entonces le ataron con dos cuerdas nuevas, y le hicieron venir de la peña. [14] Y así que vino hasta Lehi, los filisteos salieron gritando a su encuentro; pero el Espíritu de Jehová vino sobre él, y las cuerdas que estaban en sus brazos se volvieron como lino quemado con fuego, y las ataduras se cayeron de sus manos. [15] Y hallando una quijada de asno fresca aún, extendió la mano y la tomó, y mató con ella a mil hombres.

Sansón estaba tan cerca de Dios que no se preocupó cuando sus hermanos Israelitas vinieron a entregarlo a los filisteos, porque él sabía que el poder de Dios estaba en él de una forma poderosa. Sansón era un hombre consagrado en medio de una generación apática, y Dios lo usó de una manera poderosa. Hasta que Sansón bajó la guardia. Él estaba acostumbrado a estar solo y separado para su gran llamado de liberar a Israel de la mano de los filisteos después de 40 años de dominio.

¿Qué significa bajar la guardia? La Biblias nos enseña la importancia de la consistencia y perseverancia en el libo de Mateo:

Mateo 24:12-13 RVR
...y por haberse multiplicado la maldad, el amor de muchos se enfriará. [13] Mas el que persevere hasta el fin, éste será salvo.

Una vez que tenemos la victoria en cierta batalla, debemos mantenernos en nuestra tarea y en guardia hasta que Dios nos mande dejar esa obra. Pero Sansón bajó la guardia después de lograr la victoria contra los filisteos, y Dalila vino a su vida, durante un momento en el que él estaba abatido por la traición de sus compatriotas.

El nombre Dalia significa "debitar, o hacer débil" en hebreo. Este nombre describe el trabajo que Dalila realizó en la vida de Sansón perfectamente. Debemos saber que el autor del libro de Jueces, el profeta Samuel, a veces cambiaba los nombres reales de los individuos y les daba nombres ficticios que describían su carácter o algo de las circunstancias de su vida. El nombre real de Dalila tal vez no era ese, pero el profeta Samuel la llamó Dalila porque describía su trabajo en la vida de Sansón. Dalila estaba en una misión de debilitar a Sansón y derribarlo; su misión era quitarle a Sansón el secreto de su fuerza. El engaño de Dalila tiene el fin de quitarnos el secreto de nuestra fuerza y sacarnos de nuestro lugar. Este espíritu trata de hacer que el ministerio se vuelva mecánico para que caminemos y hablemos, pero sin pasión ni unción. Es un espíritu que nos seduce para entregar el secreto de quienes hemos sido llamados a ser y lo que hemos sido llamados a hacer.

El espíritu de Dalila trata de secularizar los aspectos sobrenaturales de nuestras vidas y trata de remover la unción de nuestras vidas. Porque la unción es fuerza (Isaías 10:27)

En un sentido hermenéutico de la Escritura, vemos las frases "cómo podrás ser atado para ser dominado" y "me debilitaré y seré como todos los hombres" varias veces, lo que indica que estos son principios primarios en el texto. El espíritu de Dalila quiere robar la unción y seducir a los creyentes para entregar el secreto de sus fuerzas; este espíritu a menudo dice, "Dame tu fuerza a mí."

Jueces 16:6-7 RVR
Y Dalila dijo a Sansón: Yo te ruego que me declares en qué consiste tu gran fuerza, y cómo podrás ser atado para ser dominado. [7] Y le respondió Sansón: Si me ataren con siete mimbres verdes que aún no estén enjutos, entonces me debilitaré y seré como cualquiera de los hombres.

Jueces 16:10-11 RVR
Entonces Dalila dijo a Sansón: He aquí tú me has engañado, y me has dicho mentiras; descúbreme, pues, ahora, te ruego, cómo podrás ser atado. [11] Y él le dijo: Si me ataren fuertemente con cuerdas nuevas que no se hayan usado, yo me debilitaré, y seré como cualquiera de los hombres.

Jueces 16:13 RVR
Y Dalila dijo a Sansón: Hasta ahora me engañas, y tratas conmigo con mentiras. Descúbreme, pues, ahora, cómo podrás ser atado. El entonces le dijo: Si tejieres siete guedejas de mi cabeza con la tela y las asegurares con la estaca.

En los siguientes versos vemos como Dalila sedujo a Sansón para que tuviera apatía, que se simboliza cuando Sansón se duerme en sus rodillas, y así ella pudo robarle sus fuerzas. Rapar las siete guedejas de su cabeza significa que ella se robó la señal de su consagración, se robó su voto de nazareo. Ella empezó a afligirlo y él ya no tenía fuerza. Recuerde: no tendremos poder en esta generación si perdemos nuestra consagración.

Jueces 16:15-17 RVR
Y ella le dijo: ¿Cómo dices: Yo te amo, cuando tu corazón no está conmigo? Ya me has engañado tres veces, y no me has descubierto aún en qué consiste tu gran fuerza. [16] Y aconteció que, presionándole ella cada día con sus palabras e importunándole, su alma fue reducida a mortal angustia. [17] Le descubrió, pues, todo su corazón, y le dijo: Nunca a mi cabeza llegó navaja; porque soy nazareo de Dios desde el vientre de mi madre. Si fuere rapado, mi fuerza se apartará de mí, y me debilitaré y seré como todos los hombres.

Jueces 16:19 RVR
Y ella hizo que él se durmiese sobre sus rodillas, y llamó a un hombre, quien le rapó las siete guedejas de su cabeza; y ella comenzó a afligirlo, pues su fuerza se apartó de él.

Vemos las palabras atar y afligir varias veces en este capítulo de Jueces 16. La palabra atar es la palabra "asar" en hebreo, que también significa poner un yugo; y la palabra afligir es la palabra "ana" en hebreo, que significa inclinarse o humillar. Dalila quería poner un yugo y una atadura en Sansón para que él no pudiera avanzar en Dios, para que se estancara en un estado de apatía. Una vez que la consagración de Sansón de nazareo se terminó, lo cual lo indicaba su corte de cabello, él se hizo débil, igual que cualquier otro sin la unción. En contraste, la unción nos convierte en otra persona, más allá de nuestra capacidad natural.

1 Samuel 10:6 RVR
Entonces el Espíritu de Jehová vendrá sobre ti con poder, y profetizarás con ellos, y serás mudado en otro hombre.

Dalila quería llevar a Sansón a un lugar donde podría disminuir el nivel de su destino y disminuir el nivel de quien él era como persona. Una vez que el enemigo nos puede influenciar para dejar nuestra consagración y nos quita la unción, hemos sido secularizados, hemos sido bajados a un nivel natural. Sin la unción, vamos a un nivel más bajo. Con la unción, vamos a un nivel más alto; a través de la unción alcanzamos la sima sobrenatural del poder de Dios en nuestras vidas.

A veces parece que los creyentes tienen amnesia espiritual y nos olvidamos de cómo era la vida sin la unción. Nos olvidamos del rechazo, el abuso, y la forma en la que la gente nos veía, porque una vez que la unción vino a nuestras vidas Dios nos dio un propósito, Nos dio un lugar, nos dio una posición, y nos dio un llamado.

Oración

Amado Señor,
Ayúdame a ver el "secreto" de mi fuerza. Quiero saber el secreto de mi llamado y cómo funciona. Yo sé que no soy una copia de alguien más. Tú me has dado un llamado único. Por favor muéstrame el secreto de este llamado único para la dimensión más alta de mi destino. Ayúdame a discernir el engaño de Dalila. Dame la fuerza para nunca entregar la visión o el propósito del llamado de Dios en Cristo. En el nombre de Jesús, amén.

Diario para el Destino

1. ¿Alguna vez ha tomado decisiones precipitadas? Por ejemplo, alguna vez le dijo sí a Dios en una misión, sin importar que tan grande o pequeña fuera, y luego dejó que las circunstancias o las emociones lo llevaran a cambiar su decisión.

2. Si se arrepintió de un compromiso que hizo con Dios, ¿Puede usted enfrentarse a sí mismo y decir, "yo estaba muy cansado y no pude pagar el precio"? ¿Está dispuesto a recibir la gracia y la unción abundante y disponible para proseguir con su destino?

3. ¿Qué don único le ha dado Dios a usted para contribuir a esta generación?

4. ¿Cómo lo está tratando de engañar el espíritu de Dalia para dejar su destino? ¿Qué pasos tomará usted para vencer a este espíritu que trata de engañarlo?

Cápitulo 6
La Desobediencia y Déficits Del Destino

Amados lectores, en este punto tal vez se estén haciendo estas preguntas: ¿Cómo reconozco la voz de Dios? ¿Qué pasa si Dios me está diciendo algo que yo no quiero oír?

Recuerdo haber oído un sermón de Kathryn Kuhlman cuando yo era sólo una niña en 1974, dos años antes de que ella se fuera a casa a estar con el Señor. Ella se acercó al púlpito en el Melodyland Christian Center vestida con su largo y hermosos vestido floreado, con fuego en sus ojos, y tenía una carta en su mano. Todos fijamos la mirada en la carta. Era muy inusual que Miss Kuhlman empezara su sermón leyendo una carta. Ella levantó la carta y dijo: Acabo de recibir esta carta de mi amigo Garth Hunt. Ella continuó contándonos de este joven misionero quien tomó el reto de hacer la voluntad de Dios bajo condiciones de vida o muerte. Ella nos habló de los misioneros en su recinto quienes en ese tiempo habían sido martirizados, y nos familiarizó con la historia de su sacrificio en las calles de Saigón.

Los jóvenes ministros y misioneros significaban mucho para Kathryn Kuhlman. El final de su vida estuvo lleno de la misión de llevar a estos misioneros a un lugar de poder e intimidad con el Espíritu Santo. Con lágrimas corriendo de sus ojos, ella nos contó como Garth había asistido a su servicio de milagros en el Shrine Auditorium y que él la alcanzó en el lobby del hotel Central Plaza, buscando su consejo de cómo discernir la voz de Dios en una decisión difícil de si debía volver o no a Saigón. Mientras ella describía la difícil decisión que Garth tenía que tomar, ella nos aclaró que si él decidía regresar podría significar perder su vida. La carta que ella leía contenía detalles acerca de los Thompsons, sus colegas misioneros que alcanzaron las noticias nacionales cuando fueron sacrificados por el Viet

Cong por predicar el evangelio. Ahora Garth quería saber qué hacer y consideraba en su mente el pensamiento: ¿Regreso y arriesgo mi vida?

La respuesta que Miss Kuhlman le dio fue esta: Yo no te puedo decir la voluntad de Dios, pero no hacer su voluntad sería el infierno. Y si yo fuera tú, antes de comprometerme, iría.

La carta en su mano era de Garth en camino a aquel lugar que había sido tan difícil decidir. Las palabras de Kathryn resuenan en mi mente y corazón: Allí va el santo de Dios.

¿Qué quiso decir Miss Kuhlman cuando dijo que no hacer la voluntad de Dios sería el infierno? Me recuerda a uno de los siervos elegidos de Dios, su profeta ungido Jonás, quien se reusó a hacer la voluntad de Dios y estuvo en la oscuridad, soledad y separación del vientre de una ballena.
Jonás no era un falso profeta, pero era un profeta necio, Hay una gran diferencia entre un falso profeta

y un profeta necio. Los falsos profetas son aquellos que se hacen pasar por verdaderos profetas, pero están influenciados de manera peligrosa por el espíritu de Jezabel. Los profetas necios son aquellos que tienen un llamado de Dios, pero han caído a un nivel más bajo, fuera de su potencial más alto porque no se apropiaron de la gracia disponible para hacer lo que era difícil o inaceptable para su voluntad.

¿Qué mensaje le deja la historia de Jonás a cada generación a cerca de su decisión? ¿Qué secreto nos deja su mensaje a nosotros en las escrituras?

La historia de Jonás nos enseña que no hacer la voluntad de Dios es "huir de su presencia." Vemos esta frase dos veces en Jonás 1:3

Jonás 1:3 RVR

Y Jonás se levantó para huir de la presencia de Jehová a Tarsis, y descendió a Jope, y halló una nave que partía para Tarsis; y pagando su pasaje, entró en ella para irse con ellos a Tarsis, lejos de la presencia de Jehová.

Amados, la intención del autor es mostrarnos que desobedecer la Palabra del Señor es lo mismo que huir de la presencia del Señor. Jesús usó la enseñanza del profeta Jonás como una señal de una generación malvada y adúltera.

Mateo 12:39 RVR

El respondió y les dijo: La generación mala y adúltera demanda señal; pero señal no le será dada, sino la señal del profeta Jonás.

Mateo 16:4 RVR

La generación mala y adúltera demanda señal; pero señal no le será dada, sino la señal del profeta Jonás.

El profeta Jonás provee una paralela profética de lo que pasará en los últimos tiempos. Jonás representa a aquellos que, en lo últimos días, se alejarán del llamado y no andarán en la dimensión más alta de su destino. Jonás es una señal de la generación que quiere ser usada por Dios, pero se han reusado a llevar un ministerio y servir a Dios de la manera que Él les ha pedido porque es algo que les parece inaceptable; es algo que no quieren hacer.

A veces el Señor nos pedirá que hagamos cosas que no queremos hacer. Tal vez tengamos que estar con gente con la que no queremos estar, amar a gente que no queremos amar, perdonar a gente que no queremos perdonar, ayudar a gente que no queremos ayudar, o ir a lugares a los que no queremos ir. Podemos encontrar toda clase de excusas para no hacer lo que Dios nos ha pedido: es muy cansado, estoy fatigado, es mucho para mi cuerpo, es muy inconveniente, o cuesta mucho. Es inaceptable para nosotros, y nos resistimos a lo inaceptable. Esa era la actitud del profeta Jonás.

Hay una tendencia en los creyentes de pensar que algo es la voluntad de Dios cuando nos hace sentir cómodos, y nos permite estar con gente que nos agrada, con quienes nos llevamos bien, y que nos entienden. Si algo nos puede causar la muerte de la carne, nos puede causar ser vistos por los hombres, o requiere la unción sobrenatural de sacrificio, creemos que tal vez no es la voluntad de Dios. Cuando pensamos así, nos hemos hecho como el profeta Jonás. Jonás era un profeta necio, no un falso profeta, sino necio. Quien se convirtió en una señal para mostrarnos que aquellos que se van en la dirección equivocada y se reúsan a pagar el precio, pueden experimentar una alteración severa del destino divino.

Para poder entender lo que sucede en el libro de Jonás, debemos entender la cruz. La cruz es el poder de Dios y su salvación; La cruz también representa hacer algo que va en contra de nuestra voluntad. Si Dios nos pide hacer algo y si somos influenciados por consejo corrupto que nos dice que no podemos hacerlo, que no somos lo suficientemente fuertes, que no tenemos el dinero, que vamos a estar solos, entonces estamos siendo engañados. A través de la cruz, tenemos el dominio sobre principados y poderes demoniacos.

Históricamente, hay más de lo que parece en la historia de Jonás. El Midrash, una serie de comentarios escritos por rabinos hace cientos de años, nos dice más a cerca de Jonás. Considero que el Midrash es una fuente confiable de documentación histórica muy precisa. Primeramente, el Midrash nos dice que Jonás era el hijo de la viuda de Serepta. Jonás había sido levantado de los muertos; era su destino morir y ser resucitado. El profeta Elías se había tendido sobre él tres veces y lo revivió. Elías era el padre espiritual de Jonás y Eliseo era su maestro. No hubo un profeta como Elías, y Eliseo era el más grande hacedor de milagros en las escrituras hebreas. También, la madre de Jonás fue la que le dio su última comida al profeta Elías y quien vio la multiplicación milagrosa del grano que sustentó a su familia durante la sequía. Jonás había sido criado por una madre que caminaba por fe y no por vista, que le enseñó la obediencia desde que él era un niño, y que salvó su vida durante la sequía a través de su obediencia. Jonás tenía un árbol genealógico espiritual asombroso.

Entonces ¿Cómo terminó Jonás en el vientre de una ballena? ¿Qué significa esto? ¿Hay algún mensaje personal, poderoso y profético para nosotros hoy en día? Jonás perdió la unción por su desobediencia cuando huyó de la presencia del Señor. Jonás no quería hacer lo que Dios le había dicho y se reusó a testificar a la gente de Nínive. Jonás no fue obediente y perdió la unción en su vida. Cuando perdemos la unción, volvemos a dónde hubiéramos estado sin la unción. Jonás había muerto cuando era un niño, y fuer redimido para servir al Señor. Ser levantado de los muertos es una paralela profética de la experiencia de nacer de nuevo; es una paralela profética de por qué hemos sido redimidos. Si nos alejamos del propósito por el cual hemos sido redimidos, la unción se aparta de nosotros. Jonás hubiera estado en la tumba si no hubiera sido resucitado por el propósito de Dios, Así que por su desobediencia y por su pérdida de la unción, regresó a la tumba.

Estar en el vientre de la ballena representaba estar en una fosa de muerte, como vemos en el libro de Mateo.

Mateo 12:40 RVR
Porque como estuvo Jonás en el vientre del gran pez tres días y tres noches, así estará el Hijo del Hombre en el corazón de la tierra tres días y tres noches.

Así que básicamente, Jonás regresó a la tumba (donde había estado hasta que Elías lo levantó de los muertos) hasta que se arrepintió.

Pero ¿Por qué Jonás odiaba tanto a la gente de Nínive? ¿Por qué se reusó tanto a testificarles? y ¿Por qué un hombre de su calibre, quien había sido entrenado por Elías y Eliseo, se comportó de esta manera? Porque Jonás había recibido una "nevuah", una profecía, y él sabía por el Espíritu lo que la gente de Nínive le iba a hacer a Israel. Él sabía que el pueblo de Nínive se convertiría en parte del Imperio Asirio, y que los asirios dispersarían el Reino del Norte y las 10 tribus del norte. Jonás sabía que los asirios iban a destruir el Reino del Norte, que destruirían la tierra, los árboles, los frutos y que quemarían el Reino. Jonás sabía lo que ellos le iban a hacer a Israel en el futuro y no quería salvar la vida del pueblo de Nínive. Dios le quería dar a Nínive la oportunidad de arrepentirse primero, pero Jonás se reusó a escuchar al Señor.

Así que básicamente Dios le dijo a Jonás, "fuiste creado para esto, pero no quieres hacer aquello para lo que te cree y tomaste la decisión de rehusarte a tu destino. Es tu decisión no reconocer por qué te levanté de los muertos. Es tu propia elección no hacer aquello para lo que yo te di la unción. Y allí están las consecuencias de tu elección."

Cuando la unción se va por nuestra desobediencia, por nuestras propias decisiones, volvemos a donde estábamos antes de ser ungidos. Así que Jonás estaba en el vientre de la ballena por tres días y tres noches. Era como estar en una tumba, y vemos en Jonás 2 que Jonás se arrepintió. ¿No es maravilloso como el arrepentimiento y reconocer lo que hemos hecho mal puede cambiar las cosas rápidamente? Jonás se arrepintió y la ballena lo escupió

Jonás 2:1-2 RVR
Entonces oró Jonás a Jehová su Dios desde el vientre del pez, ²y dijo: Invoqué en mi angustia a Jehová, y él me oyó; Desde el seno del Seol clamé, Y mi voz oíste.

Jonás 2:9-10 RVR
Mas yo con voz de alabanza te ofreceré sacrificios; Pagaré lo que prometí. La salvación es de Jehová. [10] Y mandó Jehová al pez, y vomitó a Jonás en tierra.

¿Cómo se aplica esta historia de Jonás a nuestras vidas, y qué señales espirituales debemos buscar para asegurarnos de que no nos estamos alejando del plan y destino del Señor para nuestras vidas? Hay tres señales principales que tenemos que tener en cuenta.

1. Cortamos la conexión y huimos de la dirección.
Es muy importante que obedezcamos al Señor, y que no cortemos la conexión con Él y huyamos de su dirección. Hay tres veces en el libro de Jonás donde las Escrituras nos dicen que Jonás huyó de la presencia del Señor y cortó la conexión con él (dos veces en Juan 1:3 y una en Juan 1:10)

Jonás 1:3 RVR
Y Jonás se levantó para huir de la presencia de Jehová a Tarsis, y descendió a Jope, y halló una nave que partía para Tarsis; y pagando su pasaje, entró en ella para irse con ellos a Tarsis, lejos de la presencia de Jehová.

Juan 1:10 RVR
Y aquellos hombres temieron sobremanera, y le dijeron: ¿Por qué has hecho esto? Porque ellos sabían que huía de la presencia de Jehová, pues él se lo había declarado.

Necesitamos preguntarle al Señor si hemos cortado la conexión con Él de cualquier forma, o huido de su dirección, de sus instrucciones para nosotros, o de su presencia.

2. Estancamiento espiritual y falta de motivación.
Si vemos señales de estancamiento espiritual y falta de motivación, que también puede manifestarse como un espíritu de apatía o de sueño, debemos

volver a los caminos del Señor. En los siguientes versos, vemos como la desobediencia de Jonás lo llevó al estancamiento espiritual y apatía.

Jonás 1:4-5 RVR
Pero Jehová hizo levantar un gran viento en el mar, y hubo en el mar una tempestad tan grande que se pensó que se partiría la nave. ^{5} Y los marineros tuvieron miedo, y cada uno clamaba a su dios; y echaron al mar los enseres que había en la nave, para descargarla de ellos. Pero Jonás había bajado al interior de la nave, y se había echado a dormir.

3. Descendemos a un nivel más bajo.
Podemos ver como las escrituras hacen una comparación entre el huir de la presencia del Señor, que vemos en Jonás 1:3 y Jonás1:10, y descender a un nivel más bajo, que vemos en Jonás 1:3 y Jonás 1:5. Las escrituras nos indican que huir de la presencia del Señor y desobedecer están conectados a descender espiritualmente a un nivel más bajo del destino.

Jonás 1:3 RVR
Y Jonás se levantó para huir de la presencia de Jehová a Tarsis, y descendió a Jope, y halló una nave que partía para Tarsis; y pagando su pasaje, entró en ella para irse con ellos a Tarsis, lejos de la presencia de Jehová.

Jonás 1:5 RVR
Pero Jonás había bajado al interior de la nave, y se había echado a dormir.

Si sabemos que nuestras vidas no están al nivel de destino que el Señor ha planeado para nosotros, necesitamos arrepentirnos y pedir a Dios por la gracia para cumplir nuestro destino en el nivel más alto que Él tenía planeado.

Oración

Amado Señor,
Te pido que yo pueda ver la señal del profeta Jonás. Tú nos dijiste que esta es la señal que será dada, y Señor Dios, te pido que me ayudes a entenderla. Ayúdame a entender mi llamado y mis dones. Ayúdame a entender la responsabilidad por lo que tú has puesto en mis manos para tu Reino. Permíteme cumplir el llamado de Dios en mi vida, en el nombre de Jesús.

Diario para el Destino

1. ¿Ha cortado la conexión con el Señor de alguna forma? Si es así, arrepiéntase y pídale al Señor perdón, luego pregúntele al Señor que pasos Él quiere que usted tome.

2. ¿Qué le ha mostrado el Señor a cerca de su destino? ¿Está usted viviendo en la plenitud del plan de Dios para usted? Si no es así, ¿qué puede hacer para alcanzar el siguiente nivel de su destino?

Cápitulo 7
Sensibilidad Sobrenatural al Espíritu Santo: Cultivando la Claridad

Lograr la sensibilidad sobrenatural al Espíritu Santo es una de las armas más estratégicas de guerra en nuestro arsenal contra es espíritu de Jezabel y los espíritus seductores de los últimos tiempos. La sensibilidad sobrenatural al Espíritu Santo y el seguir la guía del Espíritu son unos de los dones más importantes de gracia disponibles para el creyente. Necesitamos comunión con el Espíritu Santo para tener el don de discernimiento, el cual es un arma crítica de guerra contra Jezabel. Además, una vez que usted empieza a confiar en el Espíritu Santo como su mejor amigo y tesoro más cercano, usted no querrá que nada interrumpa esa relación. Amados, esta cercanía a Él es el elemento más esencial en el camino del creyente. Esto es porque el

Espíritu Santo es el único que puede revelarnos a Jesús.

Cuando yo era una cristiana joven, recuerdo cómo me impactaban las palabras de Kathryn Kuhlman. Incluso hoy en día, su enseñanza es uno de los tesoros más preciados en mi vida. Recuerdo cuando ella decía: "No guiamos al Espíritu Santo; lo seguimos." Lo que ella quería decir es que debemos aprender el arte de rendirnos por completo al Espíritu Santo. El Espíritu Santo es el Espíritu de verdad, y él nos guiará a toda verdad (Juan 16:13). El Espíritu de verdad es el que nos permitirá discernir entre la verdad y los espíritus de error (Juan 4:6).

Juan 16:13-14 RVR
Pero cuando venga el Espíritu de verdad, él os guiará a toda la verdad; porque no hablará por su propia cuenta, sino que hablará todo lo que oyere, y os hará saber las cosas que habrán de venir. ^{14} El me glorificará; porque tomará de lo mío, y os lo hará saber.

El Espíritu Santo nunca hablará de sí mismo. En Juan 16:13, vemos que el Espíritu Santo "no hablará por su propia cuenta, sino que hablará todo lo que oyere." Amados, Él guiará al creyente a un lugar donde pueda ver a Jesús, amar a Jesús, y buscar a Jesús.

En Juan 16:13, Jesús dijo, "El me glorificará." Juan 16:14 dice "tomará de lo mío, y os lo hará saber," quiere decir que el Espíritu Santo sólo nos mostrará a Jesús y nos revelará a Jesús.

El Espíritu Santo también es nuestro maestro. Jesús dijo: "él os enseñará todas las cosas, y os recordará todo lo que yo os he dicho." Amados, sus palabras a nosotros serán sólo lo que Jesús ha hablado. Las palabras que el Espíritu habla están tan unidas a Jesús que las siete cartas a las siete iglesias en el libro de Apocalipsis comienzan con un género único. Comienzan con Jesús identificándose como el que habla. Por ejemplo, en Apocalipsis 2:1 la carta a la iglesia de Éfeso es introducida con las palabras: "El que tiene las siete estrellas en su diestra, el que anda en medio de los siete candeleros de oro, dice esto..." y Apocalipsis 2:18 introduce la carta a la iglesia de Tiatira con las palabras: "El Hijo de Dios, el que tiene ojos como llama de fuego, y pies semejantes al bronce bruñido, dice esto." Así es como se comienzan las siete cartas.

Sin embargo, el final de las cartas no es como la introducción. Las cartas comienzan con Jesús siendo el que habla, pero todas las cartas terminan con la misma frase: "El que tiene oído, oiga lo que el Espíritu dice a las iglesias."

Esto significa que Jesús sólo habla a través de su voz aquí en la tierra, la cual es la persona y poder del Espíritu Santo. Como creyentes, debemos entender que es la voluntad perfecta y excelente de Dios, que todo lo que hagamos sea a través del Espíritu santo. Es la voluntad de Dios que seamos hábiles y sensibles a la forma en la que el Espíritu Santo habla y trabaja. Él nunca nos guiará a hacer algo fuera de los parámetros de la palabra de Dios. Él nunca glorificará la carnalidad de una persona. Él desea que aprendamos, a través de la dependencia diaria a Él, cómo hacer todas las cosas cómo Jesús quiere que las hagamos. Por otra parte, los falsos profetas, profetizan de sus propios corazones y no han visto nada, como veremos en los siguientes pasajes de las escrituras.

Ezequiel 13:3-5 RVR
Así ha dicho Jehová el Señor: ¡Ay de los profetas insensatos, que andan en pos de su propio espíritu, y nada han visto! ⁴Como zorras en los desiertos fueron tus profetas, oh Israel. ⁵No habéis subido a las brechas, ni habéis edificado un muro alrededor de la casa de Israel, para que resista firme en la batalla en el día de Jehová.

El profeta Ezequiel reprende a los falsos profetas porque no proveen la palabra que le permitiría a Israel estar firme en la batalla.

Ezequiel 13:10 RVR
Sí, por cuanto engañaron a mi pueblo...

Ezequiel 13:6 RVR
Dicen: Ha dicho Jehová, y Jehová no los envió; con todo, esperan que él confirme la palabra de ellos.

Estos textos quieren decir que los falsos profetas seducen al pueblo de Dios para confiar en una palabra falsa que resulta en confusión, división, o una estratagema engañosa para distraernos de nuestro llamado.

En Ezequiel 13:9, el texto nos enseña que seguir a los falsos profetas impide entrar en la tierra de la promesa.

Ezequiel 13:9 RVR
Estará mi mano contra los profetas que ven vanidad y adivinan mentira; no estarán en la congregación de mi pueblo, ni serán inscritos en el libro de la casa de Israel, ni a la tierra de Israel volverán; y sabréis que yo soy Jehová el Señor.

"Ni volverán a la tierra" quiere decir que por los falsos profetas, estamos inhabilitados en nuestro destino. Se nos prohíbe entrar al lugar de la promesa porque nos descarriaron del camino que Dios nos ordenó.

El Señor también quiere que deseemos y busquemos los dones de gracia que no podemos obtener en nuestra propia naturaleza. Estos son los dones carismáticos de la gracia. Estos dones nos permiten hacer lo imposible en nuestro límite humano.

1 Corintios 14:1 RVR
Seguid el amor; y procurad los dones espirituales, pero sobre todo que profeticéis.

1 Corintios 12:1 RVR
No quiero, hermanos, que ignoréis acerca de los dones espirituales.

La voluntad perfecta y excelente de Dios es que aprendamos cómo preferir lo que el Espíritu Santo quiere, lo más importante; por eso, debemos aprender cómo seguir la guía del espíritu. Es de vital importancia, amados lectores, que hagamos esto con habilidad y excelencia, siendo educados en la palabra de Dios. La Palabra de Dios es una de las armas más importantes de guerra en la batalla contra los espíritus seductores de los últimos tiempos y el espíritu de Jezabel. Debemos ser devotos al estudio de la Palabra de Dios. Debemos buscarla y dedicar nuestra vida a someternos a ella. El siguiente texto nos enseña que una de las señales de los últimos tiempos será cuando la humanidad no sea capaz de sobrellevar la doctrina sana.

2 Timoteo 4:3-4 RVR
Porque vendrá tiempo cuando no sufrirán la sana doctrina, sino que teniendo comezón de oír, se amontonarán maestros conforme a sus propias concupiscencias, [4] y apartarán de la verdad el oído y se volverán a las fábulas.

En Apocalipsis 2:20, el texto nos enseña que el espíritu de Jezabel no es un falso profeta, pero es el espíritu seductor de un falso profeta. La palabra "seducir" y "engañar" se usan en Ezequiel 13:10 y Apocalipsis 2:20.

Apocalipsis 2:20 RVR
Pero tengo unas pocas cosas contra ti: que toleras que esa mujer Jezabel, que se dice profetisa, enseñe y seduzca a mis siervos a fornicar y a comer cosas sacrificadas a los ídolos.

De acuerdo con lo que Jesús dijo en Apocalipsis 2:20, Jezabel es una falsa profetisa que seduce con una mesa preparada con cosas sacrificadas a los ídolos. En un sentido literario de la escritura, la frase "comer cosas sacrificadas a los ídolos" es una conexión directa con el libro de 1 Reyes.

1 Reyes 18:19 RVR
Envía, pues, ahora y congrégame a todo Israel en el monte Carmelo, y los cuatrocientos cincuenta profetas de Baal, y los cuatrocientos profetas de Asera, que comen de la mesa de Jezabel.

"Comer de la mesa" es un sinónimo espiritual de "participar de algo." En este caso, la mesa de Jezabel es una conexión directa con una falsa enseñanza y doctrina errónea. Es por eso que no debemos ser descarriados por los "dones" de una persona. Uno de los engaños más peligrosos es seguir a alguien sólo por los dones que tiene. El don de una persona no la capacita para el ministerio. En ninguna parte de las escrituras, en ninguna página o verso, en ninguna línea la Biblia usa el don de una persona como garantía del llamado. Sin embargo, somos descarriados fácilmente por el título de una persona. El texto nos enseña que los que ha sido "dado" debe ser "examinado" y perfeccionado para darle a Dios toda la gloria.

Las similitudes espirituales entre los falsos profetas y los falsos maestros son de asunto primordial en el libro de 2 Pedro.

2 Pedo 2:1 RVR
Pero hubo también falsos profetas entre el pueblo, como habrá entre vosotros falsos maestros, que introducirán encubiertamente herejías destructoras, y aun negarán al Señor que los rescató, atrayendo sobre sí mismos destrucción repentina.

Por eso las escrituras comunican la necesidad de cultivar la claridad de nuestro discernimiento en 1 Juan 4:1 y 1 Juan 4:6

1 Juan 4:1 RVR
Amados, no creáis a todo espíritu, sino probad los espíritus si son de Dios; porque muchos falsos profetas han salido por el mundo.

1 Juan 4:6 RVR
Nosotros somos de Dios; el que conoce a Dios, nos oye; el que no es de Dios, no nos oye. En esto conocemos el espíritu de verdad y el espíritu de error.

La forma en la que el espíritu seductor de Jezabel lo atraerá a usted fuera de su lugar es "alimentándolo" de su mesa. (1 Reyes 18:19, Apocalipsis 2:20). Las herejías, la doctrina falsa y el espíritu seductor del consejo corrupto, son algunas de sus sutilezas serpentinas.

Uno de los secuaces del espíritu de Jezabel es el espíritu de Atalía. Atalía también fue una reina ilegal en el reino del sur de Judá, unos años después de que Jezabel fue reina en el reino del norte. Este secuaz de Atalía era una reina con la misión de destruir la descendencia real.

2 Crónicas 22:10 RVR
Entonces Atalía madre de Ocozías, viendo que su hijo era muerto, se levantó y exterminó toda la descendencia real de la casa de Judá.

En el sentido histórico de las escrituras, sólo los reyes de Judá en el reino del sur fueron ungidos como legítimos reyes después del tiempo de Jeroboam. En el sentido personal y profético de las escrituras, Atalía estaba tras la descendencia real, es decir la descendencia que había sido ungida. Su objetivo era ser una agresora de la unción y destruir a cualquiera con el potencial de ser rey o tener la unción.

En el sentido literal de las escrituras, el texto da los detalles entre Jezabel y Atalía que son sorprendentemente similares. En primer lugar, Jezabel y Atalía eran de la misma familia y tenían sus orígenes en Omri. En segundo lugar, las escrituras también nos dicen que las dos, Jezabel y Atalía, daban consejo malvado a sus familiares.

2 Crónicas 22:2-3 RVR
Cuando Ocozías comenzó a reinar era de cuarenta y dos años, y reinó un año en Jerusalén. El nombre de su madre fue Atalía, hija de Omri. [3] También él anduvo en los caminos de la casa de Acab, pues su madre le aconsejaba a que actuase impíamente.

1 Reyes 21:25 RVR
A la verdad ninguno fue como Acab, que se vendió para hacer lo malo ante los ojos de Jehová; porque Jezabel su mujer lo incitaba.

Las escrituras hacen una comparación entre Jezabel, quien incitaba a Acab, y Atalía que le daba consejo impío a su hijo Ocozías.

Otra de las similitudes entre Atalía y Jezabel es el veneno que Atalía usó para matar la descendencia real, y el sustento que Jezabel proveía para los cuatrocientos profetas que comían de su mesa. En el sentido simbólico de las escrituras, alimentar a alguien es lo mismo que alimentarlos con una falsa doctrina que no tiene la cruz, la sangre de Jesús, muerte a uno mismo, carácter, o que nos enseña cómo ser más como Jesús. Las palabras malvadas de Jezabel en su mesa y el veneno que Atalía usó para destruir la descendencia real eran dos estratagemas de engaño calculadas cuidadosamente por las dos. Estas similitudes indican como el plan calculado del enemigo puede dividir amistades, desviar destinos, sacarnos de la obra que Dios nos dio, y alejarnos de la unción y de la voluntad de Dios. El objetivo es que no sirvamos a Dios. La táctica es engañarnos y sacarnos de nuestro destino, a menudo haciendo que nos conformemos con el compromiso.

Estas son cuatro formas de cultivar la claridad cuando discernimos al espíritu de Jezabel:

1. ¿Ha habido un periodo largo y seco en el que no ha podido sentir u oír del Señor? ¿Siente que no hay lluvia o rocío de la unción?

1 Reyes 17:1 RVR
Entonces Elías tisbita, que era de los moradores de Galaad, dijo a Acab: Vive Jehová Dios de Israel, en cuya presencia estoy, que no habrá lluvia ni rocío en estos años, sino por mi palabra.

El profeta Elías cerró los cielos por causa de Jezabel.

2. Si usted está en el ministerio, o si ha experimentado una gran victoria para el Rey, ¿se ha sentido sin valor, desanimado o que quiere morir?

1 Reyes 19:3 RVR
Viendo, pues, el peligro, se levantó y se fue para salvar su vida, y vino a Beerseba, que está en Judá, y dejó allí a su criado.

3. ¿Está consiente de algún convenio impío o maldición que trate de impedir que usted llegué al próximo nivel?

1 Reyes 19:1-2 RVR
Acab dio a Jezabel la nueva de todo lo que Elías había hecho, y de cómo había matado a espada a todos los profetas. ²Entonces envió Jezabel a Elías un mensajero, diciendo: Así me hagan los dioses, y aun me añadan, si mañana a estas horas yo no he puesto tu persona como la de uno de ellos.

4. ¿El enemigo trata de manipularlo a través de la intimidación?

1 Reyes 21:7 RVR
Y su mujer Jezabel le dijo: ¿Eres tú ahora rey sobre Israel? Levántate, y come y alégrate; yo te daré la viña de Nabot de Jezreel.

Estos síntomas espirituales pueden ser una señal de que usted está bajo un ataque opresivo del espíritu de Jezabel.

Es por eso que necesitamos al Espíritu Santo más que nunca.

Oración

Amado señor,

Te doy gracias por el Espíritu Santo. Te pido que me des el don de discernimiento y todos los dones que el Espíritu Santo tiene para darme. Te doy la gloria y te agradezco por la unción que rompe el yugo. Ayúdame a glorificarte en todo lo que hago. Con tu ayuda, cumpliré mi destino. En el nombre de Jesús, amén.

Diario para el Destino

1. ¿Cuáles son las diferentes formas en las que el Espíritu Santo ha trabajado en su vida? Tome un momento para agradecerle al Espíritu Santo por su presencia y obra en su vida.

2. ¿Qué pasos tomará para desarrollar una relación más cercana con el Espíritu Santo?

Para una lista completa de Libros, CDs y Recursos para el Ministerio, de la Dr. Michelle Corral, Contáctenos:

Breath of the Spirit Prophetic Word Center
P.O. BOX 2676
Orange, CA 92669

Teléfono # (714) 694-1100

Youtube.com/DrMichelleCorral
Word Network on Mondays
@ 10:30 pm PST
www.breathofthespirit.org
www.drmichellecorral.com
facebook.com/Dr.Corral

www.ingramcontent.com/pod-product-compliance
Lightning Source LLC
LaVergne TN
LVHW051500070426
835507LV00022B/2863